AI時代の小学生が
身につけておきたい

一生モノの「読解力」

脳科学学習塾RAKUTO
福島美智子・福島万莉瑛

実務教育出版

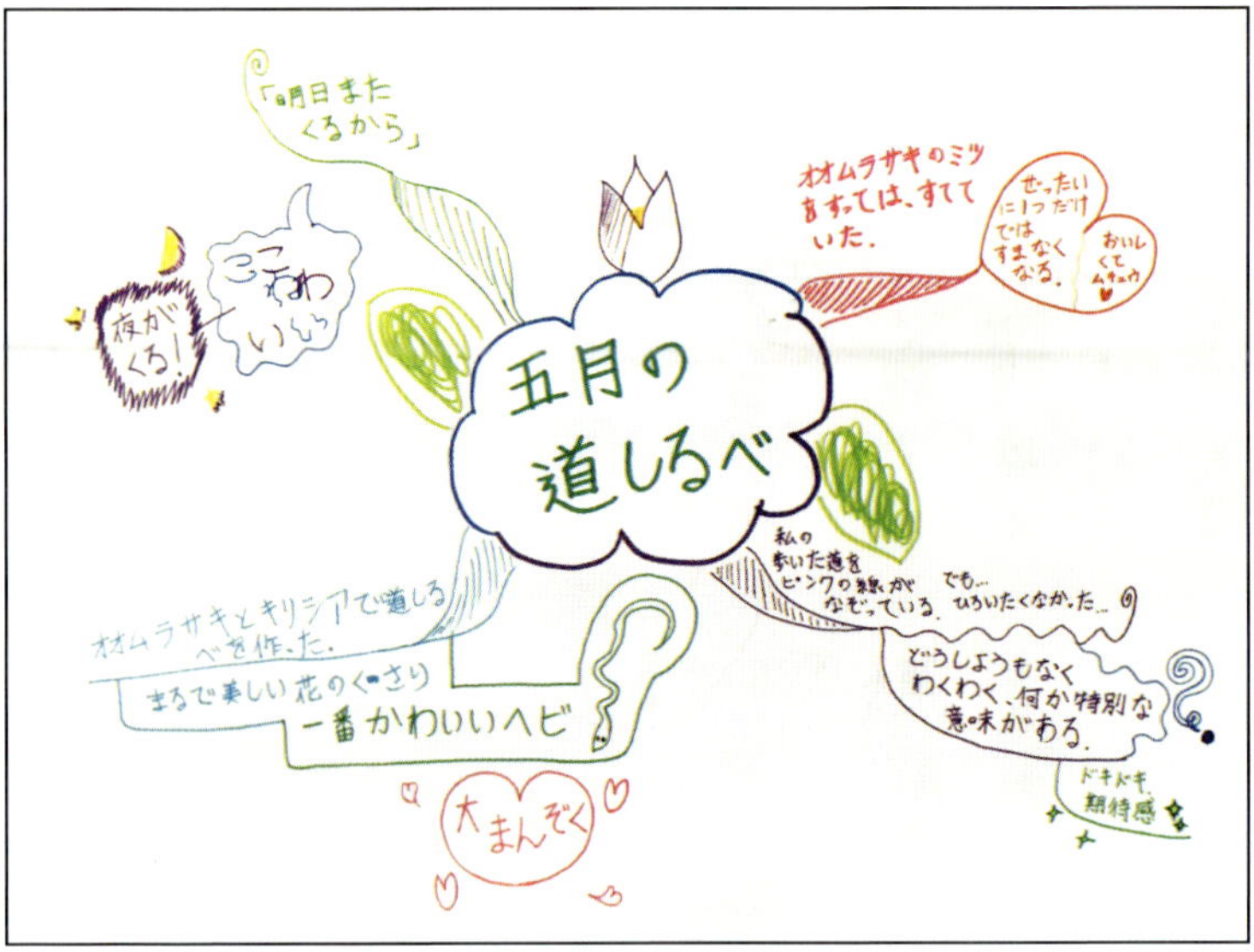

物語の要約を自由な発想でマッピング

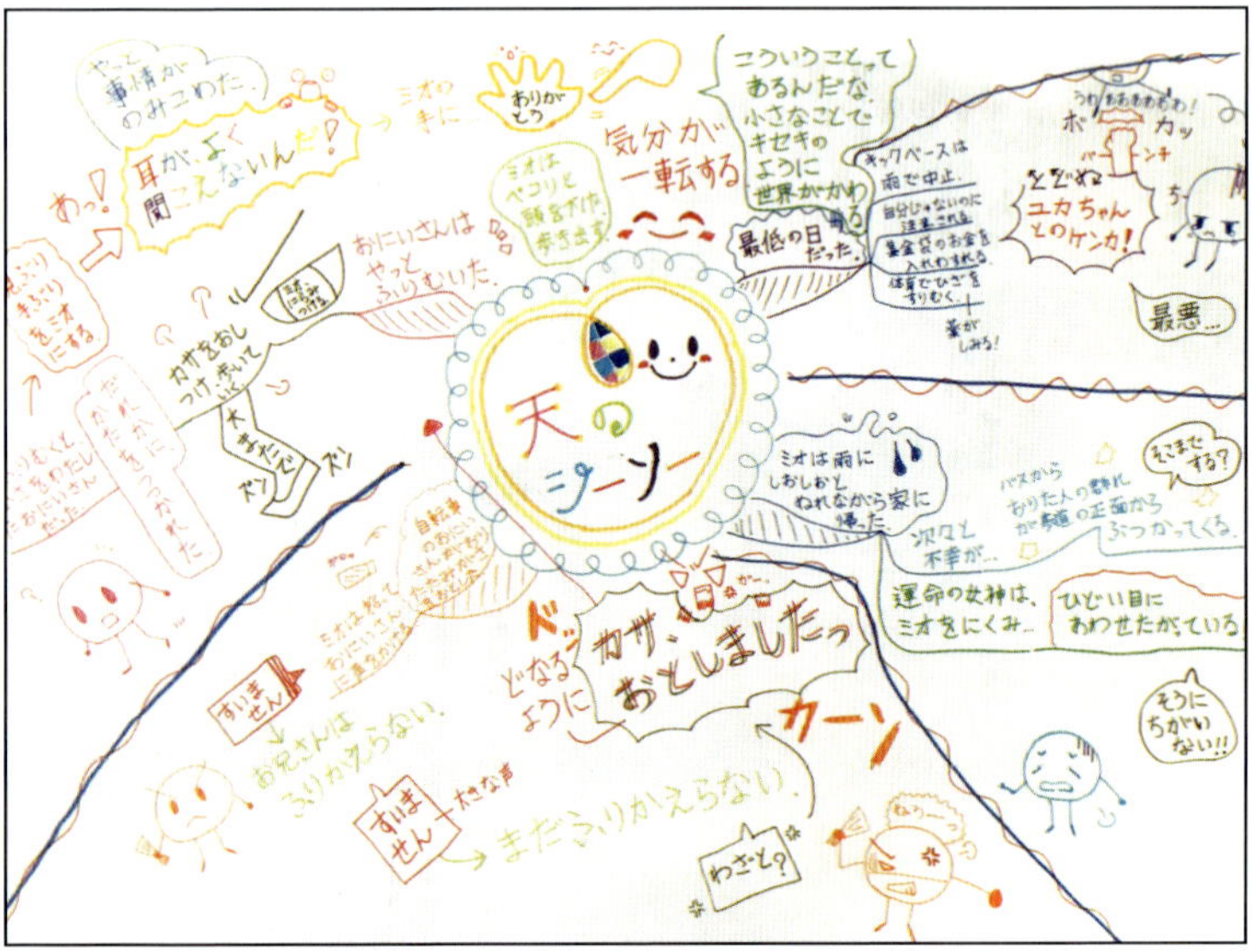

好きな色でマッピングするもよし

子どもたちの独創性を発揮した
マッピングで「読解力」を鍛える！

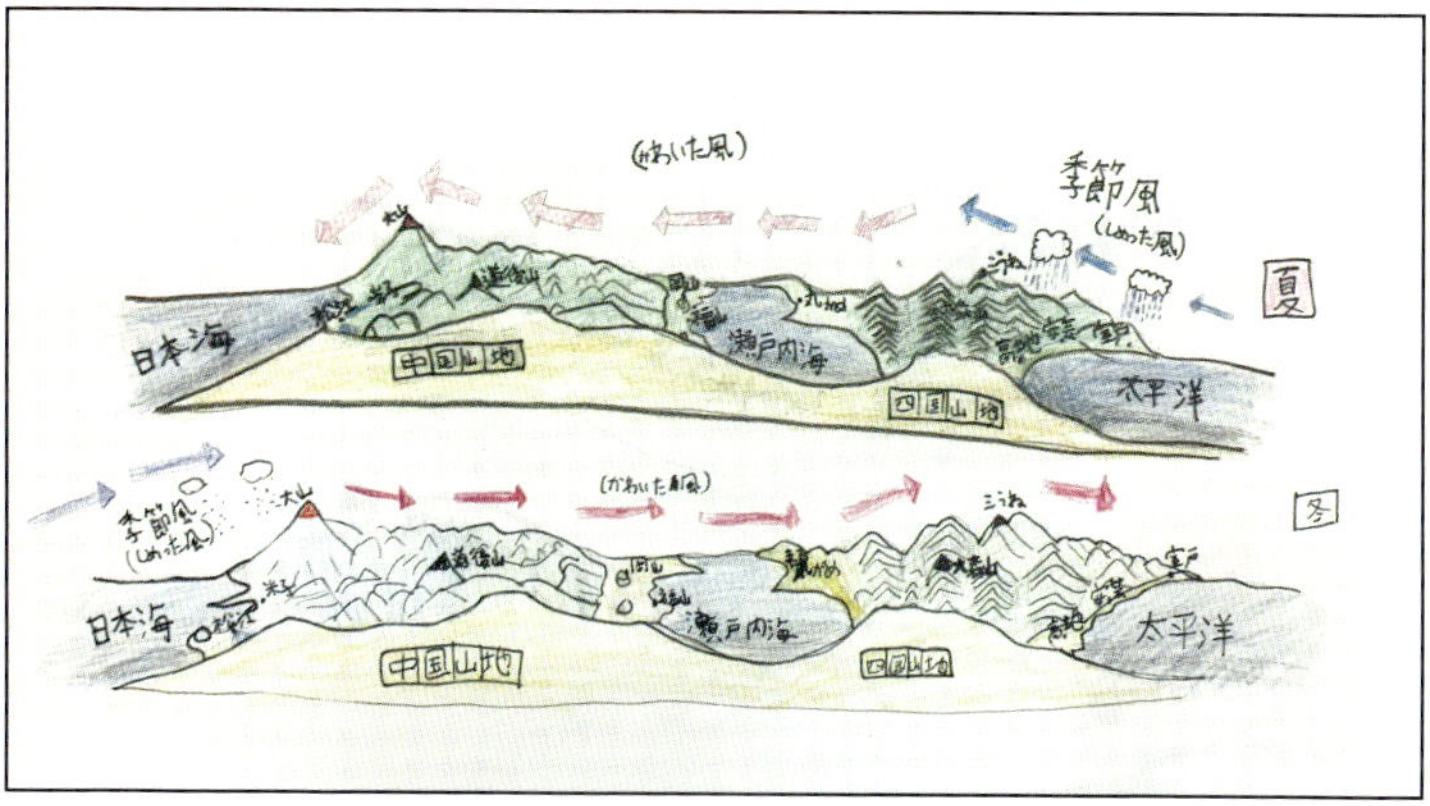

地理(季節と気候の関係)も図でまとめる

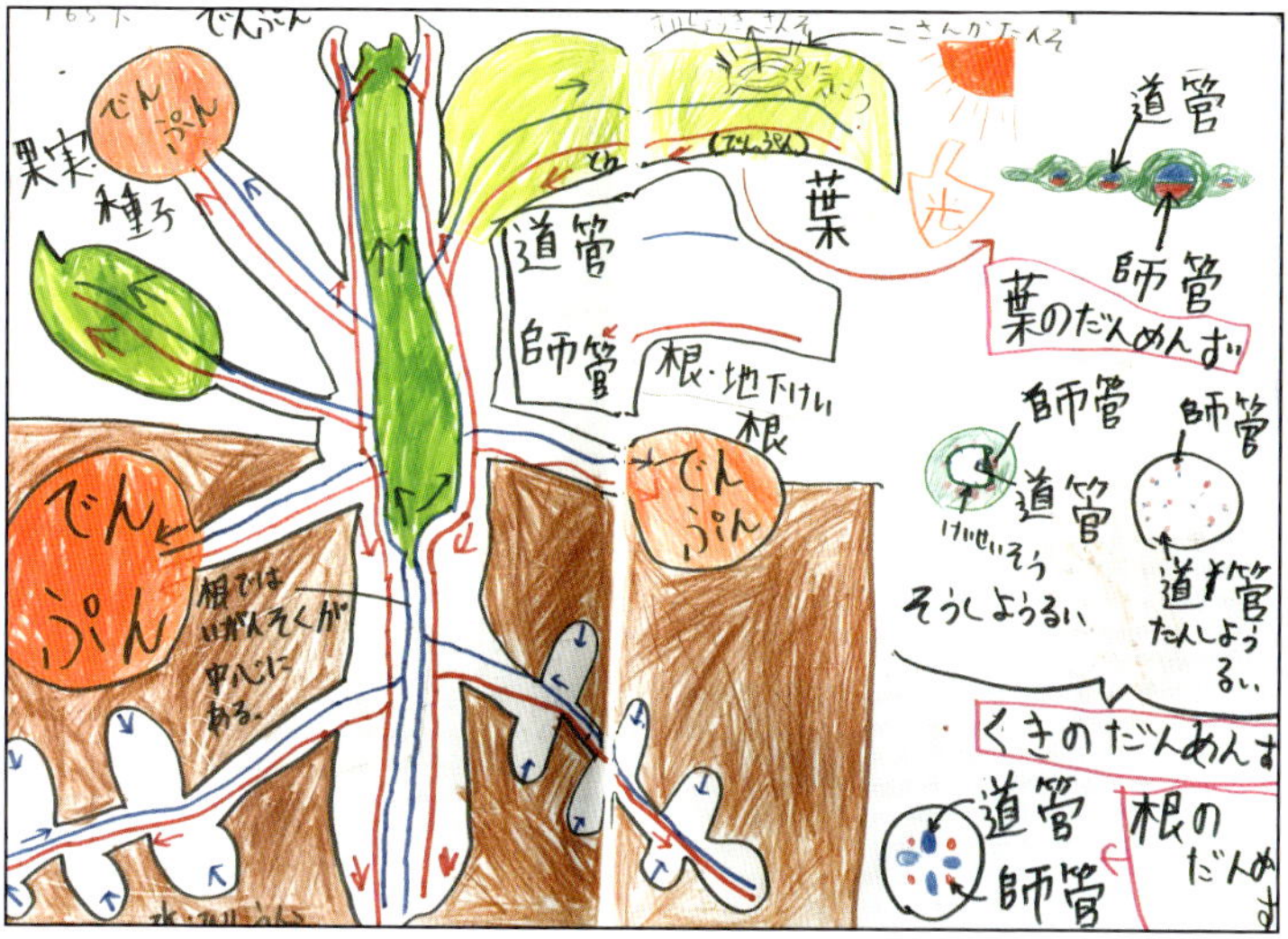

理科は図と説明をまとめて理解が深まる

それは、「コミュニケーション」と「創造性」です。

ＡＩは、まったく新しいものを生み出すことはできません。ですから、新しいものを生み出す「創造力」を持ち合わせている人こそ、新時代で活躍できるのです。

また、**新しいものを生み出すには「コミュニケーション力」も必要**です。

「コミュニケーション力」と聞くと、「私は人と話すのが好きだから大丈夫」とおっしゃる方もいます。もちろんそういった力も欠かせませんが、ＡＩ時代で必要とされる「コミュニケーション力」は、そればかりではありません。

相手が何を伝えたいのか、何に困っているのかをつかむこと。そして、どんなものが求められていて、何を創ればいいのかということが、しっかりとわかること。

これこそが、本物のコミュニケーション力であり、その根源は「読解力《どっかいりょく》」なのです。

なぜ読解力を小学生から身につけたほうがいいのか。それには理由があります。

「読解力が成績に直結」しているからです。

それはなぜでしょうか。

●授業で先生の言葉を正確に受け取ることができるから
●教科書やテキストをうまくまとめて、内容を覚えられるから
●テストの問題文を正確に読めるから

これはどういうことかというと…

授業中、先生の教えてくれることを、正確に受け取る

←

自分で学習（復習）するとき、教科書やテキストのまとめ方がうまいことで、内容を理解しやすくなり、結果的にしっかり覚える

←

テストのとき、問題文を正確に読めることで、読み間違いがなく、得点につながる

読解力のある子どもたちの成績は、こうして上がっていくのです。そして、もう1つ大切なことがあります。それは、**「読解力は国語だけでなく全教科で必要な力」**だということ

とです。これについては本書の中でとても詳しく解説しています。

全教科で使えて、成績が上がり、将来にも活きる「読解力」の磨き方は、マッピングというノートの取り方にもヒミツがあります。

マッピングとは、キーワードを図やイラストにするノートの取り方のことで、いまや文部科学省でも、推奨されている手法です。

マッピングは、脳をフル回転させてくれます。

文章をただ箇条書きにするだけではなかなか覚えられないことも、図やイラストにすることで、一気に記憶に定着しやすくなります。

また、なんといっても楽しいのが特徴です！

マッピングを使うことで、子どもたちが、楽しみながら、カンタンに「読解力」を身につけることができます。

昨今では、ビジネスや教育の現場でも注目を浴びており、マッピングを使っている大人の多くが、「とても素晴らしいので、将来使えるように、子どもの頃から身につけさせておきたい」と口をそろえておっしゃるようになりました。

私どもが運営するスクールでも、親御さんたちご自身がもともとマッピングを使っていて、「子どもに教えてくれる場を探していたんです」と通塾してくださるケースも増えています。

この〝マッピングでまとめながら「読解力」を磨く〟という方法で、私どものスクールでは、驚くほど地頭力のある子どもたちが育っています。

読解力がもっとも問われる中学受験で、第一志望合格率が90%超。
IQ200超の子どもたちも複数います（小学生の平均IQは100程度）。

子どもの成績を上げ、可能性を最大限伸ばすことができるカギとなるのが、「読解力」と「マッピング」です。

「将来にも役立つ勉強法を探したい！」
「子どもの成績をアップさせたい！」
「子どもに勉強を好きになってほしい！」

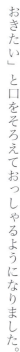

そう願うたくさんの親御さん、そしてお子さんに、本書をご活用いただければ幸いです。
ワクワクしながら、楽しく勉強できるお子さんが増えますように。

２０１９年６月

脳科学学習塾ＲＡＫＵＴＯ
福島美智子・福島万莉瑛

1章　なぜ「読解力」が必要なのか

2章 「読解力」がぐんぐん身につく「語彙力」の磨き方

3章 「読解力」をグーンと伸ばす「要約力」の磨き方

説明文

まとめノート

装丁イラスト／平澤南　装丁デザイン／杉山健太郎
本文イラスト／平のゆきこ　本文デザイン・DTP／ISSHIKI
編集協力／星野友絵（silas consulting）

1章

なぜ「読解力」が必要なのか

お母さまに
お読みいただきたい章です

大学入試改革で確実に問われる「読解力」

「大学入試改革」という言葉をご存じでしょうか。２０２０年度から始まることが決まり、私どものスクールでも不安になられている親御さんからご相談を数多く受けています。

文部科学省は『「生きる力」』を育み、社会の変化を見据え、新たな学びへと進化を目指す」という方針で学習指導要領の改訂を行い、大学入試に至るプロセスも見直されました。

具体的には小学校から高校までの間に、これまで重視してきた「知識・技能」に加え、新たに「思考力・判断力・表現力」を身につけることになりました。

社会が刻々と変化していくなか、「自分で考え、議論しながら解決策をまとめ、文章やプレゼンテーションで発表できる力」が求められています。大学の一般入試では、面接や志願者自ら作成した志望理由書を取り入れる大学も増えています。また、２０２０年度実施の入試からは、ＡＯ・推薦入試でも小論文、プレゼンテーションが導入されます。

これらに共通して必要な力が、まさに「読解力」なのです。詳しくはこれから解説しますが、**考えるときにも、議論するときにも、解決策をまとめるときにも、文章やプレゼンテーションで発表するときにも、すべて「読解力」が必要です。**

低下する子どもの読解力

しかし、子どもたちの「読解力」は低下していると言われています。そこで文部科学省は、小学校低学年時から、読解力の基礎となる「語彙《ごい》力」を強化する方針を掲げています。今後、「読解力」を鍛えることは避けて通れません。中学入試をはじめとする入学試験でも、「読解力」を問われる問題が年々増えており、「大学入試改革」以降は、さらに取り入れられることになるでしょう。

でも、心配はいりません。**「読解力」は取り組み次第でどんな子でも身につけることができる**のです。本書でお伝えする「読解力」を磨く方法を、いまから取り組んでいただければと思います。

「読解力」がない子と「読解力」がある子は何が違うの？

「読解力」をつけると、「テキストを読んで、まとめる力」「大切な箇所を見つける力」が磨かれるため、効率よく勉強ができるようになります。

では、「読解力」がある子とない子では、何が違うのでしょうか。

それぞれの特徴を見てみましょう。

●「読解力」のない子

- **詰め込みで点数を取るしかなくなってしまう**
- **勉強嫌いになってしまう**
- **受験で苦労する**
- **社会に出たときに通用しなくなる**

私たち親世代は詰め込み勉強をしてきた人が多いので、「勉強＝つらい」ものと思い込

子どもはますます伸びなくなる

んでいます。このタイプの親御さんたちは、つい子どもにもひたすら問題を解かせることで安心してしまいがちです。

身近に、勉強時間は少ないのに優秀だったという人がいませんでしたか？　彼らは本当の意味で「考える力」を持っていた人たちです。そして、その根底には「読解力」があるのです。

詰め込みで勉強していると、学生時代はなんとか乗り切れても、社会では通用しなくなります。相手の言っていることを理解できなかったり、学び方がわからなかったり、本を読んでも力にできなかったり…ということに…。大人になっても、ずっと響いてしまうということですね。

「読解力」がある子は勉強ができる

●「読解力」がある子
・教わったことの理解が早い
・テストや受験でのミスが少ない
・本も試験問題も、早く読める

「読解力」があると、テキストを自分で理解して覚えることができます。授業で先生が教えていることがすぐに理解できるようになります。つまり、学力を早く身につけることができるのです。

ほかにも、テストで問題文を正しく読む力がついているので、問題を早く正確に解けるようになります。読みとり間違いも起こしにくいので、ミスも少なくなりますし、要約しながら読むので、本や問題文を読むスピードも早くなります。

「読解力」は、すべての勉強の根幹に関わる力なのです。

「読解力」がないと、どんどん勉強嫌いに…

「読解力」があると、テストの点も成績もぐんぐん伸びる！

「読解力」のために小学生のうちに鍛えたい「語彙力」「要約力」

「読解力」は「語彙力《ごいりょく》＋要約力」と言われています。

語彙力や要約力は、子どもの頃から身につけることができます。むしろ、小学生の時期に鍛えておきたいものです。

語彙力アップで細かく感情や状況を理解できる

「語彙力」とは、たくさんの言葉や単語を使える力のこと。最近、いいことも悪いことも「ヤバイ」と言う人が多くいます。これでは、どう「ヤバイ」のか、何が「ヤバイ」のか相手に伝わりません。違う状況でも、「ヤバイ」「マジで」など同じ言葉ばかりを使っていると、感情に鈍感になったり、状況を深く理解できなくなってしまうことも…。

私たちは、言葉にすることで感情や状況をより意識できるようになります。小学生の頃は、感情理解力や状況把握力を育てていく大切な時期。**たくさんの言葉を知ることで、自分の言いたいことが細やかに表現できるようになり、「読解力」のアップにつながっていく**のです。

考えをまとめるクセをつけよう

「要約力」とは、考えをまとめる力のこと。じつはこの**要約力。中学生以降に急に磨こうとしても難しい**のです。本人自身が意識して直そうとすればできますが、中学生にもなると、親やまわりの言うことを素直に聞かなくなるうえ、自分で直そうとは思わなくなってきます。

ぜひ、小学生の時期から、考えていることの要点をまとめて話す習慣をつけたいですね。

国語・算数（数学）の学力と「読解力」は直結している

そもそも、「読解力」は国語の成績を上げるために必要なもの、と思っている人が多いのではないでしょうか。しかし実際には、**「読解力」は算数や数学など一見関係がなさそうな教科の学力にも影響を与えている**のです。

次ページのデータは、ベネッセ教育総合研究所による、国語と算数／数学バランスと「読解力」の関係です。「読解力」の偏差値が高い場合は、国語と算数（数学）のどちらの成績もよく、「読解力」の偏差値が低い場合は、どちらの成績も悪くなっています。

「読解力」と国語・算数（数学）の成績に密接な関係があることがわかりますね。**つまり、国語・算数（数学）の成績を上げたければ、「読解力」を磨いたほうがいい**のです。

では、「読解力」とそれぞれの教科は、具体的にどのような関係があるのでしょうか。

ベネッセ教育総合研究所

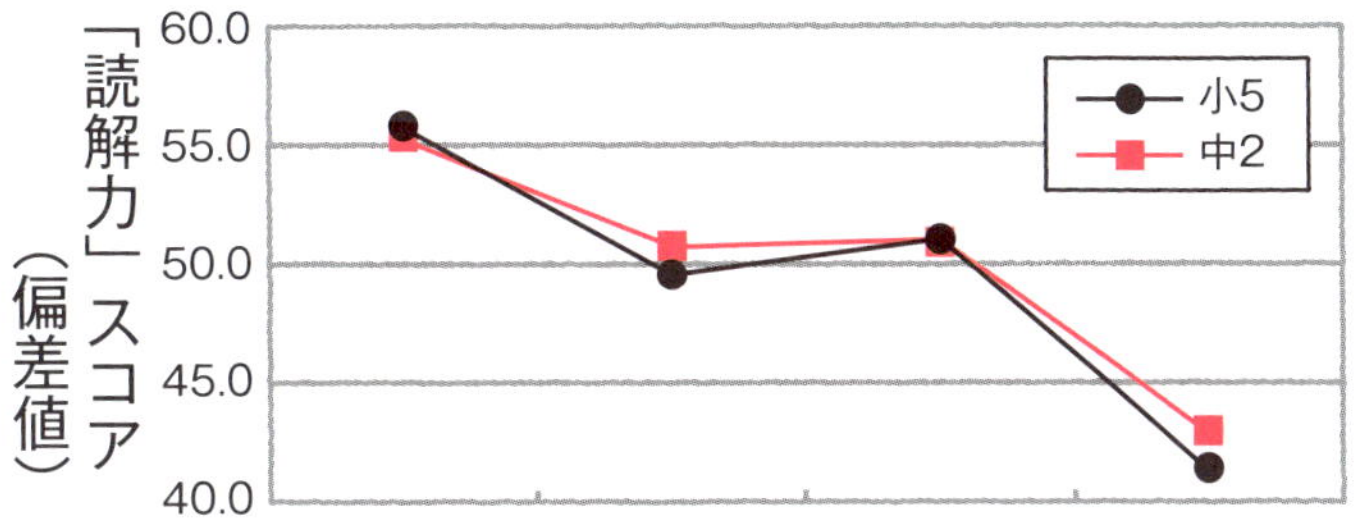

	A	B	C	D
国語	○	○	×	×
算数／数学	○	×	○	×
小5	55.9	49.6	51.1	41.5
中2	55.4	50.9	51.0	43.1

（○:平均以上、×:平均未満）

国語と「読解力」の関係

そもそも、文章を読みとれなければ、国語の設問には答えられません。設問で問われていることをきちんと理解しないと、正しい解答を導き出せないからです。**問題を解くテクニックだけあっても、国語で点数を取ることはできない**のです。

まず、大前提に「読解力」があり、正しく読み解いた後にテクニックを使って答えを出すのです。

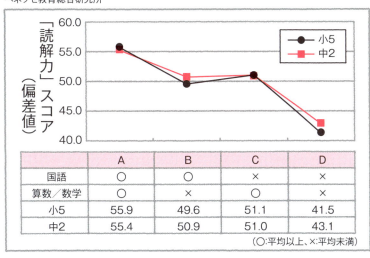

算数は「読解力」がなければ最初からつまずく

算数の問題文の読みとりにも、「読解力」が必要です。

よく「ひっかけ問題で間違えた」と言っているのを耳にしますが、単に読みとり不足である場合がほとんどです。

最近は、**算数でも長い問題文が多いので、まずは全文を通して何が書かれているのかを読みとれることが重要**です。その後に答えまでの道筋を考える力も必要となりますが、そもそも何が書かれているのか正しく理解していなければ、答えを導き出せません。

算数は、「読解力」がなければ最初からつまずいてしまうのです。

他の教科も、教科書やテキスト、テストの問題文…これらに書かれている文章を正しく読みとって、要点をまとめられなければ学力は伸びません。ですから、「読解力」はすべての教科に必要な力なのです。

本の読み方には2通りある「流し読み」「要約読み」

ここでは、本の読み方について、具体的にお話ししましょう。

そもそも、本の読み方には「流し読み」と「要約読み」の2種類があります。いつもお子さんが本を読むとき、どちらの読み方をしているのか、ぜひ考えてみてください。

記憶にあまり残らない流し読み

流し読みとは、意識しないで読む方法です。流し読みをすると、何が書いてあったか、忘れやすくなります。

流し読みの場合、「ためになった」「おもしろい」くらいしか感想が出ないことも多いのではないでしょうか。さらっと読むので、記憶にもあまり残らず、せっかく読書をしても役に立たずに終わってしまうことも…。

ただ、気分転換でわざと、流し読みをするということはあるでしょう。

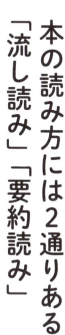

中身を深く理解できる要約読み

要約読みとは、何が書いてあるのか、話の筋を追いながら読みとる方法です。

常に何が言いたいのかを意識して読むため、筆者が伝えたいこと、筆者がどう伝えようとしているかまで読みとれます。そうすると、筆者の訴えたいことを深く正しく理解することができます。要約読みができると記憶にも残りやすいので、学んだことを実生活でも生かしやすくなるでしょう。

頭のいい人は、要約読みをしているケースがとても多いのです。

これが、本を読んでも、自分のやりたいことに役立てられる人と、読んでも役立てられない人の違いです。当然のことながら、学力にも大きく影響します。

お子さんには、ぜひ要約読みを意識させましょう。

要約読みを意識しよう

「読解力」を鍛えるには、マッピングがオススメ！

「読解力＝要約力＋語彙力」ということを前述しましたが、語彙力の鍛え方は、なんとなくイメージできるのではないでしょうか。

でも、要約力は「どう鍛えたらいいのだろう!?」と疑問に思ってしまうかもしれませんね。

要約力というのは、まとめる力のこと。

頭の中だけで「まとめる」のは、大人でも難しいものです。

そんなときに、とても役立つのが「マッピング」です。

図にするには、教科書やテキストに書いてある文章を「まとめる」必要があります。毎回ノートに要点を書いていけば、まとめる練習にもなります。

「わざわざ図にする必要性はあるのかな？」と思う方もいるかもしれませんね。

ここで、ちょっと検証してみましょう。

文章とマッピングを比べてみよう！

次ページに「中国・四国地方の農業」についてまとめた文章と、それをマッピングしたものがありますので、比べてみてください。

どちらがパッと見てわかりやすいでしょうか？
どちらが覚えやすいでしょうか？
どちらが楽しく書けそうでしょうか？
お子さんがやってくれそうなのはどちらでしょうか？

マッピングは、クリエイティブなことが大好きな子どもたちが工夫しながらまとめられる方法です。慣れれば家庭学習でも長時間ノートを書くようになりますよ。

文章でまとめたもの

中国・四国地方の農業

中国四国地域は、日本海側、瀬戸内海沿岸、太平洋側と大きく3つの地域に分かれ、美しい自然と豊かな環境に恵まれているため、多くの食べ物が生産されています。

南四国では、温暖な気候と、十分な雨を生かした農業が盛んです。ビニールハウスなどの温室も利用して、きゅうりやナス、ピーマンなどの野菜の促成栽培も行われています。

ほかにも、階段状になっている棚田《たなだ》や段々畑《だんだんばたけ》も多くあります。

高知平野

温暖な気候の高知平野では促成栽培が盛んで、ナス、ピーマン、きゅうりなどがつくられています。

讃岐平野

四国では稲作はあまり盛んではありませんが、讃岐平野で稲作が行われています。昔は干害のため、ため池をつくっていましたが、現在は吉野川から香川用水を引いています。

愛媛県の段々畑

みかんは、気候が温暖な場所で育ちやすいのと、愛媛県が山がちなこともあり、傾斜地を段々畑にしてみかんの生産が行われています。

しかし、オレンジの輸入自由化（1991年）もあり、みかんは競争が厳しくなっているので、レモン、いよかんなど、類似の果物に栽培を切り替えた農家も多くなっています。

鳥取平野

鳥取砂丘《とっとりさきゅう》では、らっきょう、長いもなどの栽培が盛んです。また、日本なしの生産も有名です。

岡山平野

岡山平野の果樹栽培では、もも、ぶどうの生産が盛んです。

マッピングでまとめたもの

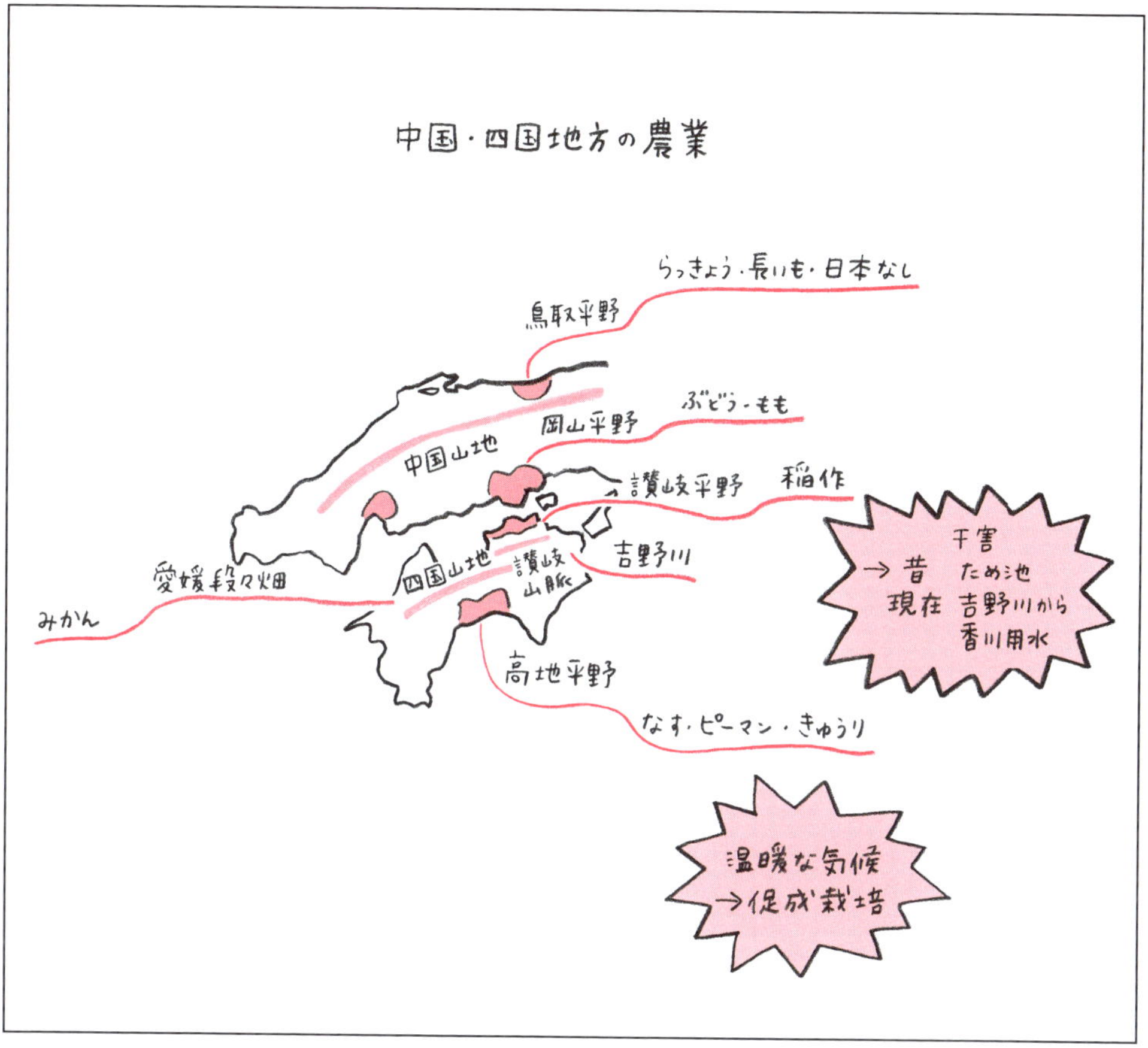

親は「待つ」を習慣にしよう

「読解力」は簡単に身につく力ではありません。日々のコツコツとした取り組みが必要であり、習慣化することで身につくものです。たとえば、演習を繰り返しこなしていた場合、授業や宿題で解いた問題がほぼそのまま出題されれば、すぐに点数がアップします。

でも、6年生の後半からは、実力を問われるタイプのテストになってきます。同じような傾向の問題なら解けても、新しい問題は解けないということが起こるのです。

時間はかかるが応用のきく「読解力」

つまり、「考える力」が備わっていないと、点数を取るのが難しくなってくるのです。**「読解力」を鍛えて考える力を身につけるには、思考しなければ解けない問題に触れ続けること**が重要ですが、これには時間がかかります。でも、一度身につけば応用がきくようになります。だからこそ、親として心がけたいのは「待つこと」なのです。

考える力は親が持つことで育つ

ついつい多くの問題を解かせようと急かしたり、テストの成績に一喜一憂したりする親御さんが多いのですが、その姿をお子さんは見ています。そうすると、目の前の点数を取るための作業的な勉強ばかりするようになるのです。

たとえば、社会でテスト形式の練習問題や穴埋め問題ばかり取り組ませているご家庭があります。5年生くらいまでは、それでも点数を取ることができますが、物事や事象の背景をしっかり押さえて言葉を覚えなければすぐに忘れてしまいます。

時間がかかっても、じっくりと「読解力」が身につくのを待つ。お子さんのために、ぜひこの姿勢を貫いてあげてほしいのです。

2章

「読解力」が
ぐんぐん身につく
「語彙力」の磨き方

お子さんにもお母さまにも
お読みいただきたい章です

語彙力がないと「読解力」が落ちてしまう

たくさんの言葉を知ろう

「語彙力」っていう言葉を知ってるかな？　これは、言葉や単語をどれだけ知っているかということ。もしかしたら「別に、たくさん言葉を知らないけど困ってないよ」と思うかもしれないね。だけど、本当にそうなのか、ちょっと考えてみてほしいんだ。

「自分の言いたいことが伝わらないな～」と思ったことはないかな？

これからもっと成長して、いろいろな人たちといい関係を築きたいなと思ったとき、**たくさんの言葉や単語の意味を知らなければ、相手の言っていることをキチンと理解できないし、自分の言いたいことも伝えられない**。だから、たくさんの言葉や単語を身につけたほうがいいよ。

それに語彙力はテストでも大活躍するよ。書いてある言葉の意味がわからないとお手上げだよね…。じゃあ、どんな言葉や単語を知っていたらいいんだろう？

知っておきたい言葉の種類

①心情語

物語文を読むときに、登場人物の気持ちがわかりやすくなる言葉だよ。

②慣用句・ことわざ

意味がわかると、文章の内容も、さらにつかみやすくなるよ。

③熟語

- 二字熟語
- 三字熟語
- 四字熟語
- 同訓異字
- 同音異義語

これらの単語の意味がわからないと、文章の意味もわからなくなってしまうので知っておこう。

- 類義語

同じ内容のことを言い換えて説明するときに使うから、知っておくと、前のほうにどんなことが書かれているかがわかりやすくなるよ。

- 対義語

とくに説明文のときには、物事を比べながら説明することが多いから、知っておくと、何と何を比べているかがわかって便利だよ。

物語文に出てきた心情語を覚えよう

物語文を読むとき、登場人物の気持ちを知るには、心情語の意味を知っておいたほうがいいね。たとえば、「学校へ行く坂道を、毎朝喘《あえ》ぎながら登っていた」と書いてあったら、苦しいくらいにきつい坂道なんだな、とわかる。

じゃあ、どうやって勉強すればいいんだろう。**物語文を読んでいるとき、意味がわからない心情語が出てきて「これは気持ちを表す言葉かな？」と思ったら、その言葉を○で囲みながら読もう**。その後、国語辞典で調べながらマッピングに書いて覚えるんだ。

次の物語文を読んで、「これは気持ちを表す言葉かな？」と思ったら、その言葉を○で囲んで、マッピングしてみよう。

「お入りください」

と、さっきと同じ声がして、扉が開いた。ひえー、木製のオートロック・システムだ。おずおずと中に入る。庭も広い。しかもきれいに整えられた植木が配置されていて、ちょっとした日本庭園みたいだった。間口の広い引き戸の玄関先に優美が立っていた。

美形だけど、どこか男の子っぽい教室のジャージ姿とうってかわって、そこにいたのは完璧なお嬢さまだった。一部をすくい上げて頭の後ろで結んだ髪が、肩先で揺れていた。丸えりがついてスカート部分にひだのあるワンピースは、上品なオフホワイトで、髪を結ぶリボンも同じ色だった。こいつは、家でこんなかっこうをしているのだろうか。

「あの、これ・・・・」

と、カバンから預かった茶封筒を取り出そうとすると、優美は手でそれを止めた。

「上がってちょうだい」

へっ?わたしを家に入れる気か?でも、すでに蛇ににらまれた蛙状態のわたしは、おどおどしながらもついていく。いいかえせないけど、内心ちょっとムッとくる。でも、今の優美、高ビーな感じがとってもお似合い。


（濱野京子『木工少女』）

《心情語のマッピング方法》

❶A4ノート1冊を「マイ国語辞典」に

知らない単語や言葉は、全部これに書いていこう。マッピングは横に長くなるから、ノートの向きを横向きにしたほうが書きやすくなるよ。一度に書く量が多いときは、A4ノートを左右見開き2ページで使ってもいいね。

❷ノート中央に円を描き、上段に「心情語」、下段に「作品・作者名」を書く

❸物語文を読みながら、知らない心情語を◯で囲む

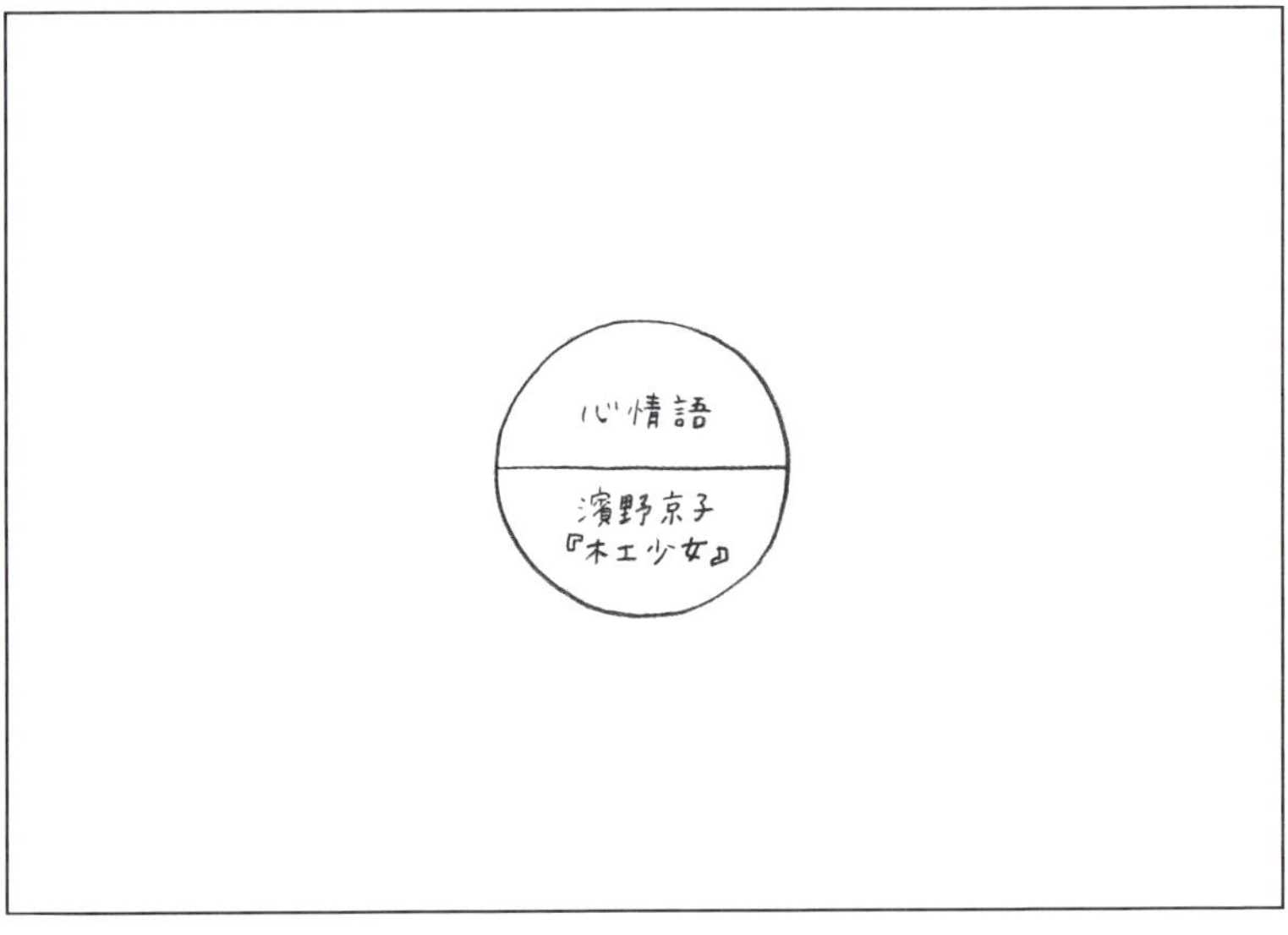

「お入りください」

と、さっきと同じ声がして、扉が開いた。ひえー、木製のオートロック・システムだ。おずおずと中に入る。庭も広い。しかもきれいに整えられた植木が配置されていて、ちょっとした日本庭園みたいだった。間口の広い引き戸の玄関先に優美が立っていた。

美形だけど、どこか男の子っぽい教室のジャージ姿とうってかわって、そこにいたのは完璧なお嬢さまだった。一部をすくい上げて頭の後ろで結んだ髪が、肩先で揺れていた。丸えりがついてスカート部分にひだのあるワンピースは、上品なオフホワイトで、髪を結ぶリボンも同じ色だった。こいつは、家でこんなかっこうをしているのだろうか。

「あの、これ・・・・」

と、カバンから預かった茶封筒を取り出そうとすると、優美は手でそれを止めた。

「上がってちょうだい」

へっ?わたしを家に入れる気か?でも、すでに蛇ににらまれた蛙状態のわたしは、おどおどしながらもついていく。いいかえせないけど、内心ちょっとムッとくる。でも、今の優美、高ビーな感じがとってもお似合い。

(濱野京子『木工少女』)

❹マッピングの円の右上から線を引き、その上に心情語を1つ書く

❺④の線先を2本に伸ばし、上線には辞書で調べた意味、下線には物語文の使用例を書く

1つの物語がほかのテストでも使われることがある。だから、いま読んでいる物語文の使用例文を書いておくと、別のテストを受けたときに「あ！　前に読んだことのあるストーリーだ！」と思い出せるんだ。ストーリーがわかると問題もグッと解きやすくなるよ。

❻使用例をイラストにして書くのもオススメ

イラスト入りのマッピングを見ただけで、主人公のわたしが優美の家の豪華さに恐れをなしている気持ちが伝わってくるよね。そして、優美の高飛車《たかびしゃ》なところに内心腹が立っているのも感じられるね。心情語をイラストにすると、一気に忘れにくくなるよ。

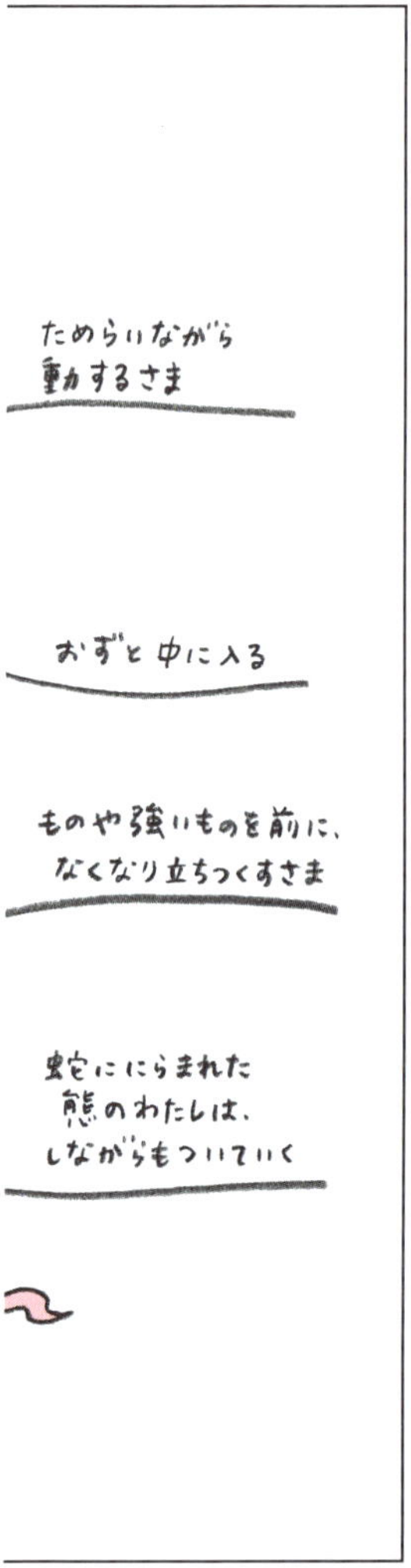
ためらいながら
動するさま
おずと中に入る
ものや強いものを前に、
なくなり立ちつくすさま
蛇ににらまれた
態のわたしは、
しながらもついていく

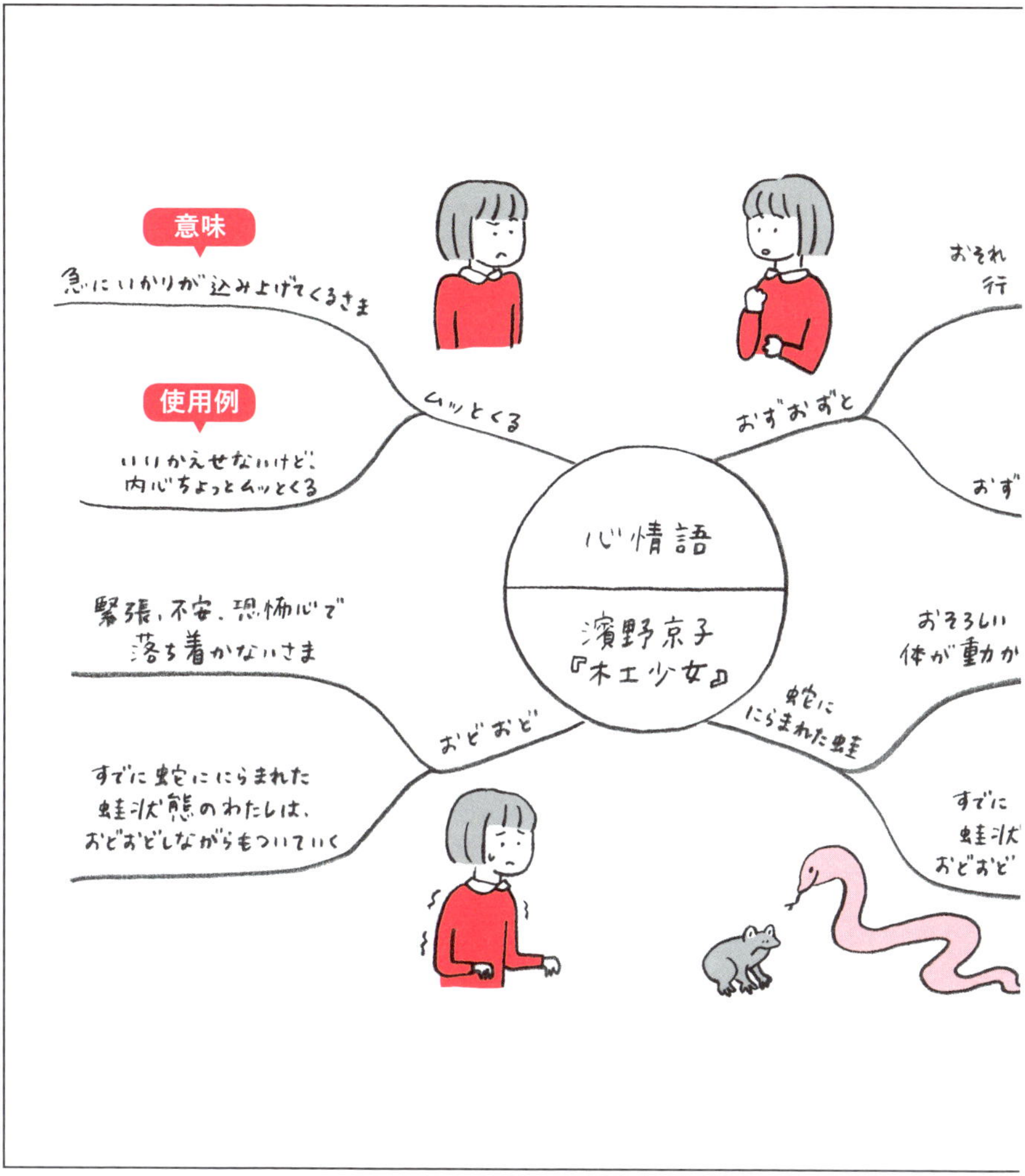

※たくさん書きたいときは、どんどん増やしてね

心情語を集めた事典を買ってマッピングする

心情語を集めている事典などを買って、知らない言葉をマッピングして覚えてもいいね。

同じようにノートの中央に円を描き、上段に「心情語」、下段に「分類名」を書こう。

分類とは、たとえば「腹に据えかねる／歯をくいしばる／風雪に耐える」だと、「我慢を表す言葉」という分類名になる。「目を吊り上げる／逆鱗に触れる／義憤を覚える」だと、「怒りを表す言葉」が分類名になるよ。テキストはこんなふうに分類されていることが多いから、それぞれ同じ意味でマッピングしたほうがいいね。

使用例を書くときは、かならず場面をイメージしよう。 たとえば、「目を吊り上げる」の使用例が「テストの結果が悪すぎたので母親は目を吊り上げた」とあれば、どういう場面をイメージする？　かなり怒っている母親の姿が目に浮かぶんじゃないかな。

言葉の意味だけでなく、「こういうときに使うんだな」とわかると、忘れなくなるよ。

さえておくことが
ねて、思わず
をしてしまった
えきれない
れようとしたが、
おさえきれない

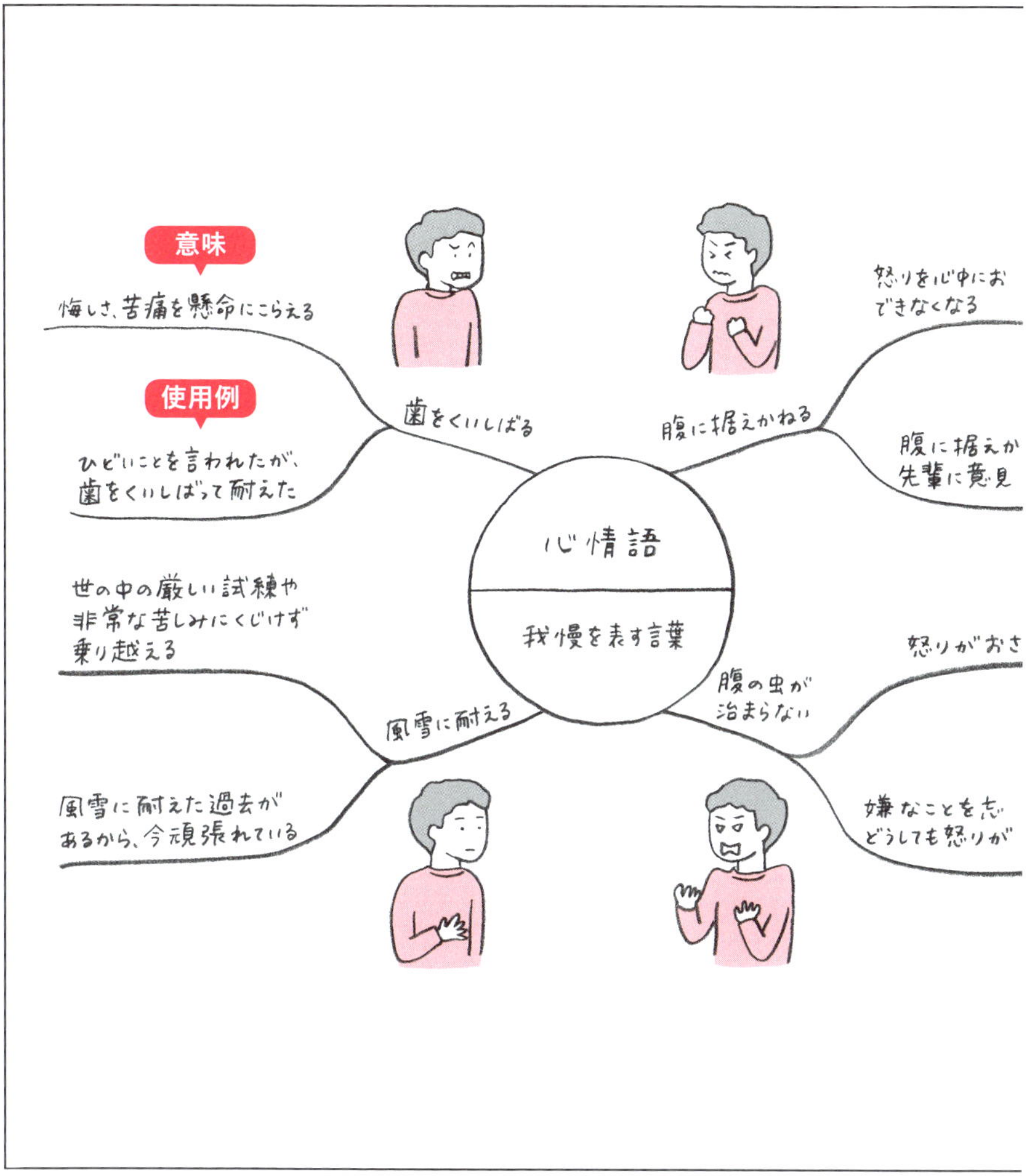
意味
悔しさ、苦痛を懸命にこらえる
使用例
ひどいことを言われたが、
歯をくいしばって耐えた
歯をくいしばる
腹に据えかねる
怒りを心中にお
できなくなる
腹に据えか
先輩に意見
心情語
我慢を表す言葉
世の中の厳しい試練や
非常な苦しみにくじけず
乗り越える
風雪に耐える
風雪に耐えた過去が
あるから、今頑張れている
腹の虫が
治まらない
怒りがおさ
嫌なことを忘
どうしても怒りが

慣用句やことわざを身につける

慣用句とことわざの違い

慣用句《かんようく》って何だろう？　**慣用句は、古くから生活の中で習慣的に使われてきた言葉**なんだ。何かの状態や状況をたとえたものが多いよ。

●（例）頭をつっこむ

《意味》興味や関心をもって、自分から関わっていくこと

《使用例》友達のケンカに頭をつっこんでしまい、後悔している

使用例の場面を想像してみよう。実際に頭をつっこんでいるわけじゃなく、友達がケンカしているところに関わってしまった状況を「頭をつっこむ」とたとえているんだ。

では、ことわざって何だろう？

慣用句との違いってわかりにくいよね。**ことわざは、教訓や皮肉、物事の法則が入っている短く、リズムのある言葉**なんだ。

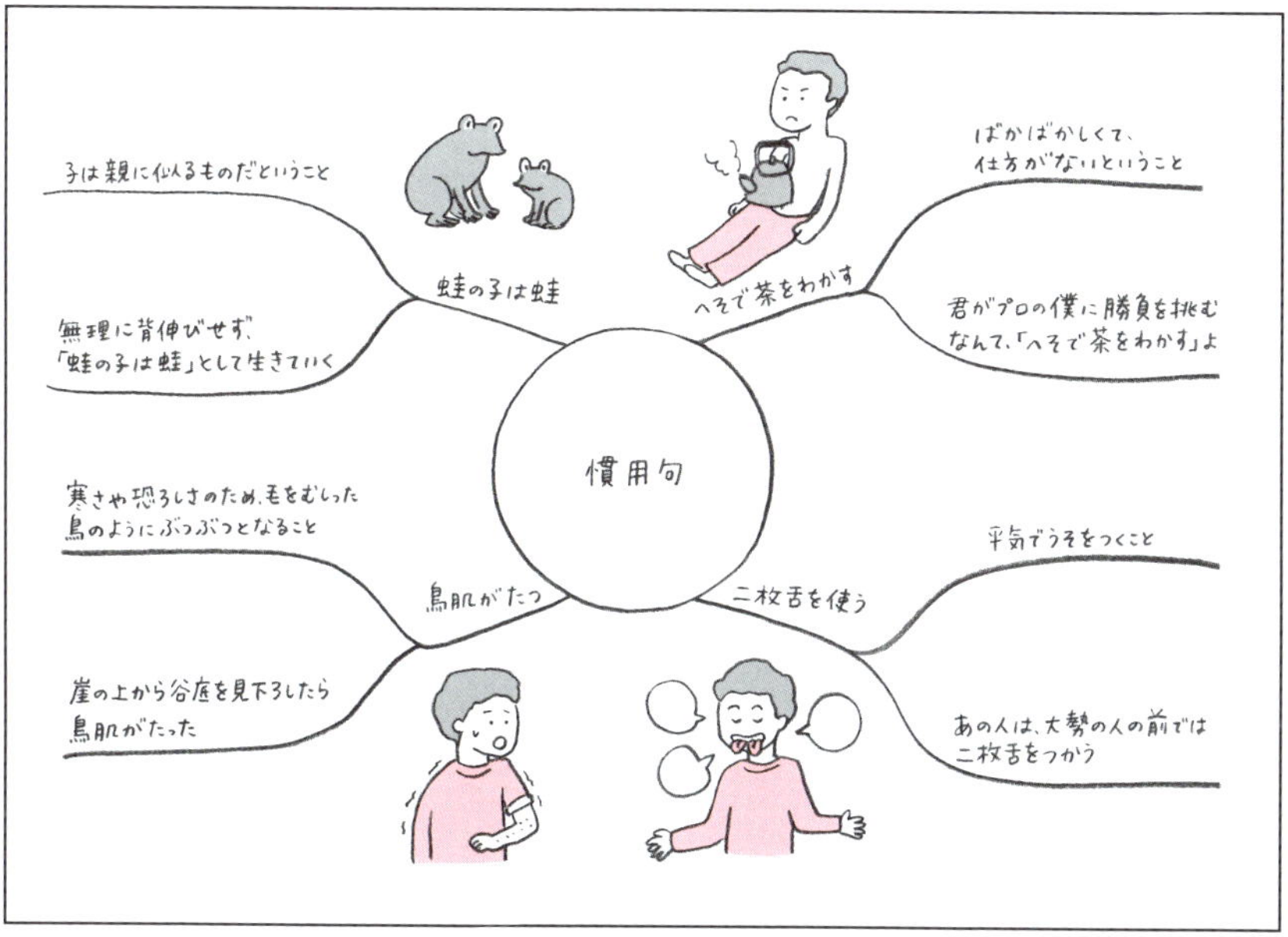

●（例）身からでた錆

《意味》自分の犯した悪い行いの結果で、自分自身が苦しむこと

慣用句やことわざを知らないと、相手が言っていることを理解できないし、テストで使われたら解けなくなってしまうね…。

心情語と同じように、知らない言葉をマッピングして覚えよう。

熟語を磨く

二字・三字・四字熟語をマッピングしよう

「熟語《じゅくご》」は、二字以上の漢字をあわせて意味のある単語にしたものだよ。二字〜四字熟語までを、たくさん覚えよう。国語のテストでは、「言葉の意味を問う問題」「意味から言葉を考えさせる問題」のどちらかが、よく出るんだ。

問題

「一石二鳥」の意味を、次のア〜エから選びなさい

こういう問題をよく見かけるよね。これは「言葉の意味を問う問題」だから、意味まで知っておかないと答えられないんだよ。それに、熟語は1つひとつの漢字の意味を知っておくと、その熟語の意味も自然とわかることが多いんだ。

丸暗記しようとすると、ものすごい量の言葉を覚えなくちゃいけなくなるけど、漢字の意味から、その熟語の意味を考えるクセをつけると、スッと覚えることができるよ。

とくに長くて覚えにくいと言われている四字熟語は、2つに分けるのがオススメ。

テストによく出るいろいろな熟語

二字の漢字の熟語例

伴侶《はんりょ》 《意味》連れ・仲間・配偶者

再発《さいはつ》 《意味》同じような状態がまた発生すること

三字の漢字の熟語例

不寝番《ねずばん》 《意味》一晩中寝ないで番をすること（人）

合言葉《あいことば》 《意味》仲間内だけ通用する言葉、前もって決めておく言葉

四字の漢字の熟語例

二極分化《にきょくぶんか》 《意味》中間が少なくなり両極端に分かれる現象

経口感染 《意味》病原微生物の入った飲食物を摂取して感染すること

●（例）経口感染→経口／感染

経口：口から

感染：うつる

な〜んだ。口からうつることを「経口感《けいこうかん》染《せん》」って言うのか。ね、簡単に覚えられそうでしょう？　では、次の問題もちょっと考えてみよう！

問題

「大器晩成」の意味を考えてみよう

まずは、「大器《たいき》」と「晩成《ばんせい》」の2つに分けるんだったよね。

次に、それぞれの漢字から意味を考えてみよう。

●大器…大きな器は
●晩成…晩に成る

ということは、大きな器は晩に成る？

辞書に書いてある意味を見てみよう。

「大きな器は完成するまでに時間がかかるという意味から、真に偉大な人物も大成するのには、時間がかかるということ」


大きな人間性（器）というのは、人生の中の遅く（晩）に、できあがるっていう意味だね。こうやって、読むと理解できるよね。


「漢字って、おもしろい！」と思えれば、スッと覚えられるようになるよ。

熟語もマッピングすると、さらに覚えやすいよ。

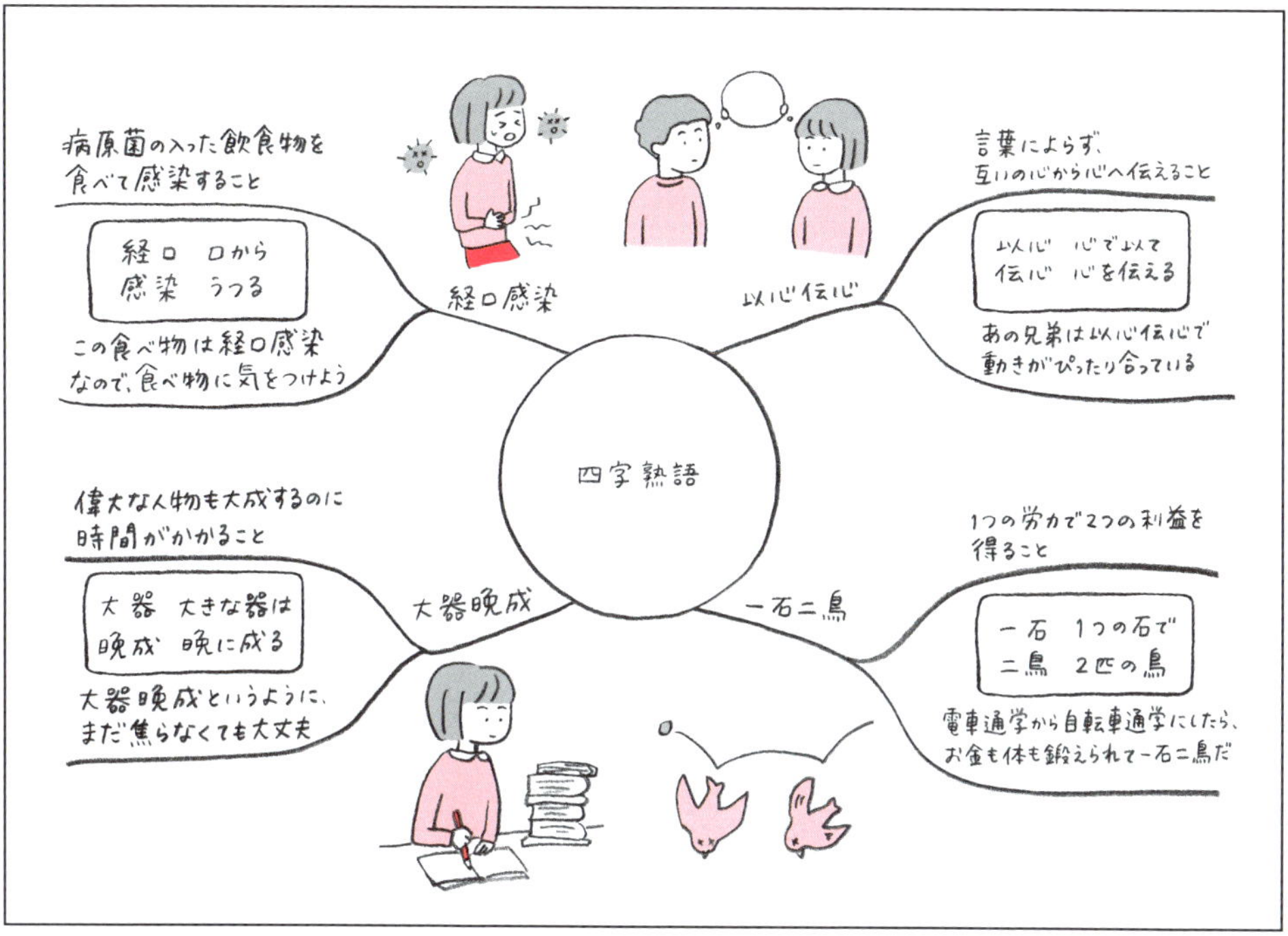

※たくさん書きたいときは、どんどん増やしてね
自分で考えた意味でもいいよ

「同音異字」「同音異義語」「同訓異字」をまとめよう

音読みや訓読みが同じだけど、漢字や意味が異なる字や語があるんだよ。

たとえば「カンシン」という読み方は同じだけど、漢字も意味も異なっているという同《どう》音《おん》異《い》義《ぎ》語《ご》がある。

●**関心《意味》興味があること。気がかりなこと**
●**感心《意味》感動すること。あることに心を深く動かされること**
●**寒心《意味》ぞっとすること。キモを冷やすこと**
●**歓心《意味》嬉しいと思うこと。喜ぶ気持ち**

テストでは、こんなふうに出題されたりするよ。

問題

「人の悪口を言うのカンシンしないな」と言われた。カンシンを漢字で書きなさい。

同音異字（音読みが同じだけど、漢字や意味が違う）

灯（トウ）　《意味》ともしび。あかり。ひ
統（トウ）　《意味》つながり。一続きのもの
答（トウ）　《意味》返答。こたえ

同訓異字（訓読みが同じだけど、漢字や意味が違う）

会う　《意味》人と人が顔を合わせる
合う　《意味》一致する。調和する。お互いにする
遇う　《意味》思わぬことや嫌な出来事に出くわす

同音異義語（音読みが同じだけど、漢字や意味が違う語）

意義　《意味》その言葉の意味。固有の価値や重要性
異議　《意味》ある意見に対しての反対意見。異なった意見
威儀　《意味》いかめしく重々しい動作、ふるまい
異義　《意味》異なった意味

どう意味で、どう使うのかわかっていないと間違えるよね。
「同音《どうおん》異《い》字《じ》」「同音異義語」「同訓《どうくん》異《い》字《じ》」って聞いたことがあると思うけど、具体例を次ページの図で見てみよう。

同訓異字は熟語ではないけれど、同音異義語と同じようにマッピングでまとめて覚えてしまおう。意味と使用例も書いてね。

これもテストにもよく出題されるよ。

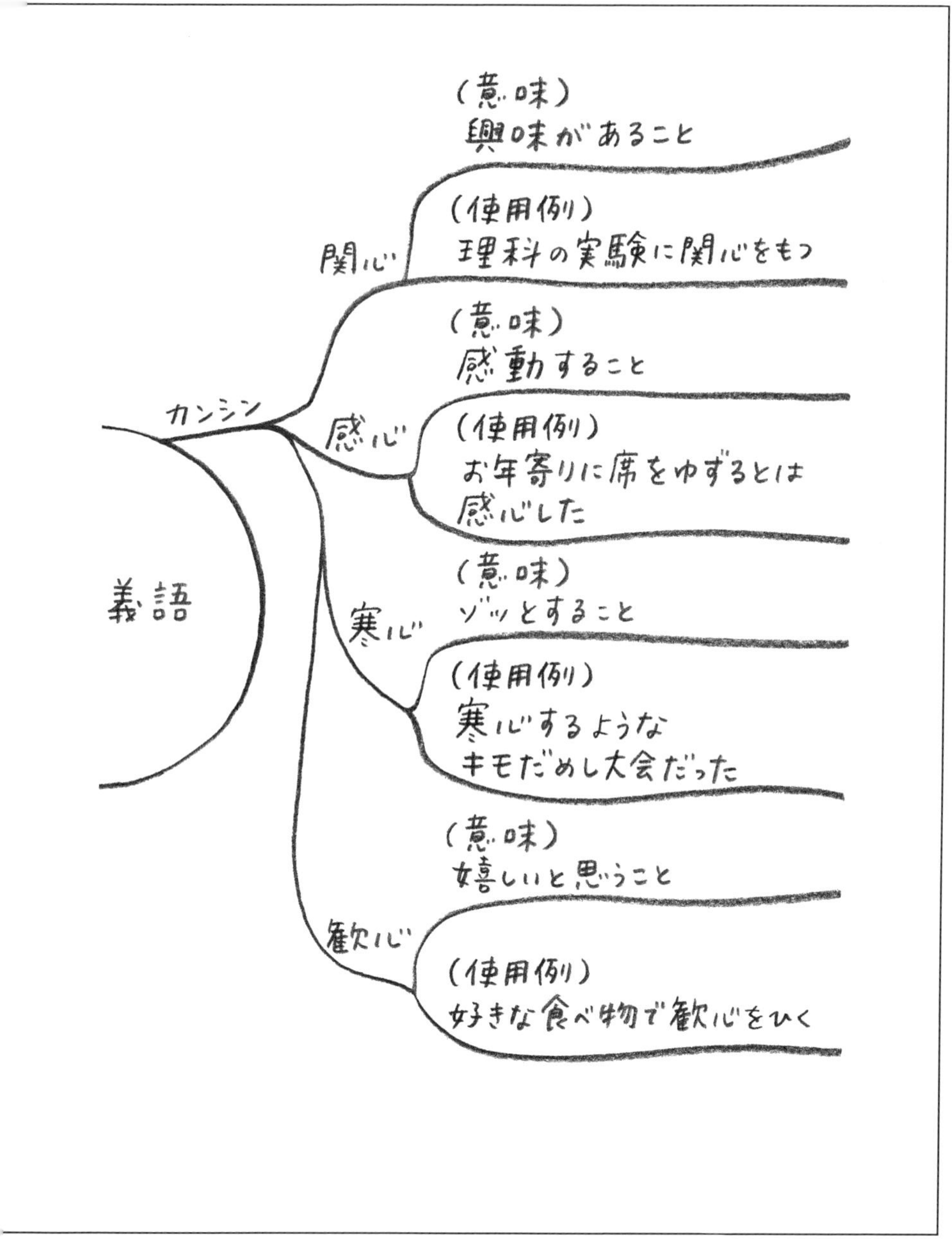

義語
カンシン
関心
(意味)
興味があること
(使用例)
理科の実験に関心をもつ
感心
(意味)
感動すること
(使用例)
お年寄りに席をゆずるとは
感心した
寒心
(意味)
ゾッとすること
(使用例)
寒心するような
キモだめし大会だった
歓心
(意味)
嬉しいと思うこと
(使用例)
好きな食べ物で歓心をひく

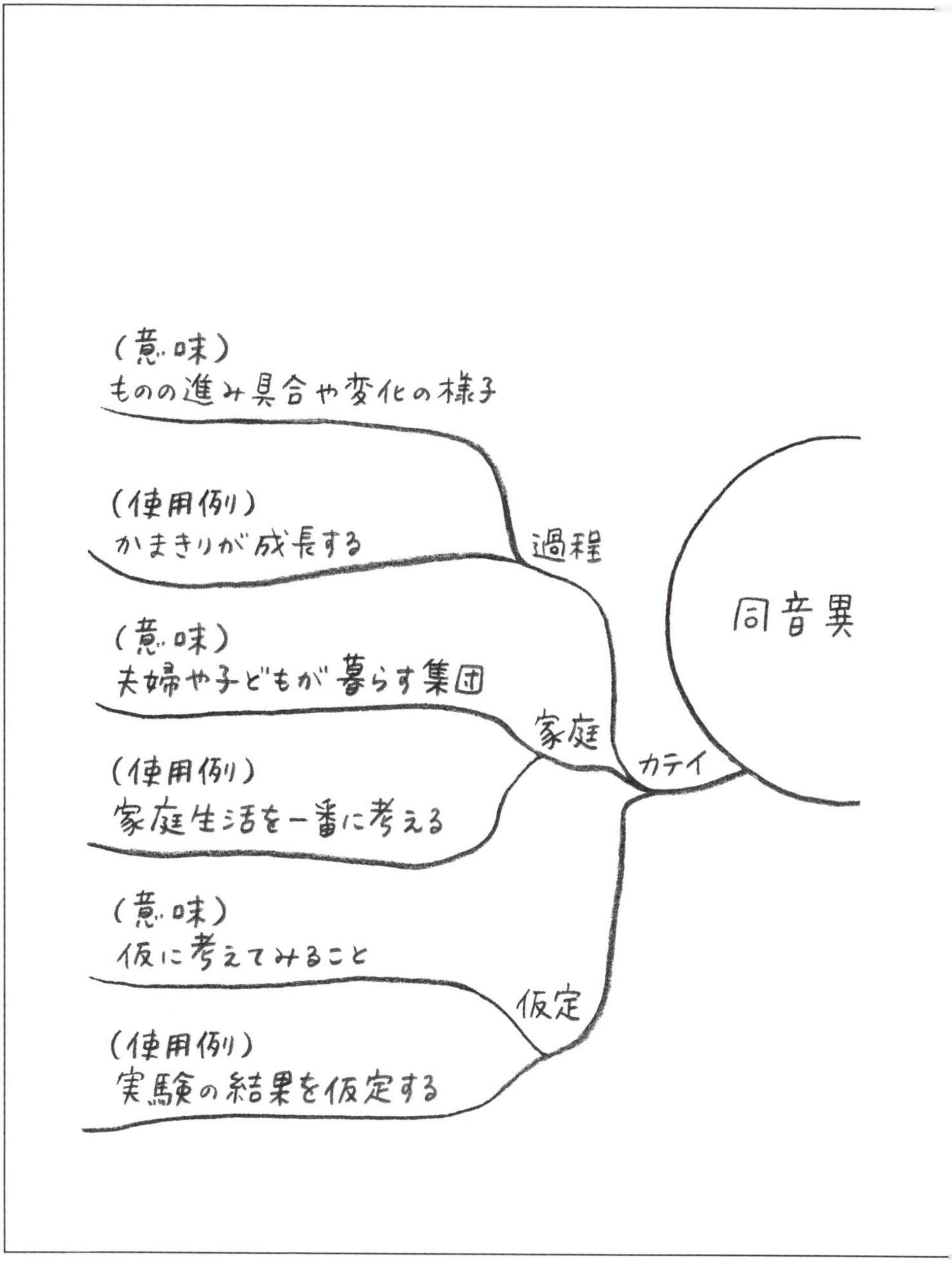
同音異
カテイ
過程
(意味)
ものの進み具合や変化の様子
(使用例)
かまきりが成長する
家庭
(意味)
夫婦や子どもが暮らす集団
(使用例)
家庭生活を一番に考える
仮定
(意味)
仮に考えてみること
(使用例)
実験の結果を仮定する

対義語や類義語に強くなろう

対義語《たいぎご》とは、2つの言葉が正反対の意味を表す関係にあるもの、「天と地」のように対照的な関係にあるもののことを言うよ。

- **寒流 ↕ 暖流**
- **重視 ↕ 軽視**
- **理想 ↕ 現実**

類義語《るいぎご》とは、言葉の形や読み方が異なっていても、意味が似ている2つ以上の言葉のことを言うんだよ。

- **快活 = 活発**
- **多種 = 多彩**
- **心配 = 不安**

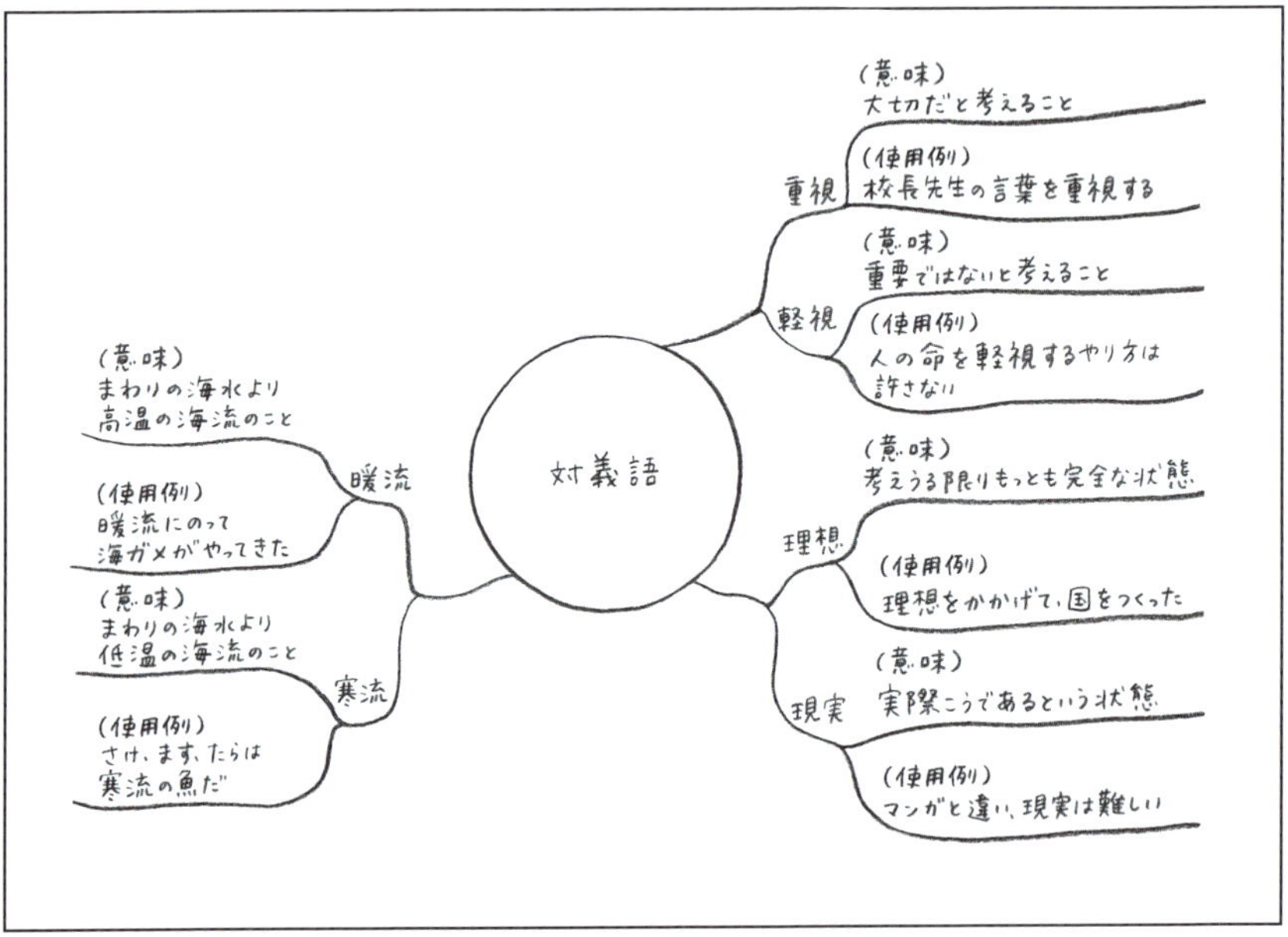

対義語
重視
(意味)
大切だと考えること
(使用例)
校長先生の言葉を重視する
軽視
(意味)
重要ではないと考えること
(使用例)
人の命を軽視するやり方は許さない
理想
(意味)
考えうる限りもっとも完全な状態
(使用例)
理想をかかげて、国をつくった
現実
(意味)
実際こうであるという状態
(使用例)
マンガと違い、現実は難しい
暖流
(意味)
まわりの海水より高温の海流のこと
(使用例)
暖流にのって海ガメがやってきた
寒流
(意味)
まわりの海水より低温の海流のこと
(使用例)
さけ、ます、たらは寒流の魚だ

※たくさん書きたいときは、どんどん増やしてね

自分で例文をつくって遊んでみる

オリジナル使用例を考えてみよう

マッピングの使用例はテキストや辞書の使用例だけじゃなく、自分で考えてみてもOK。

自分で意味をしっかり考えなきゃつくれないから、ただ書き写すより覚えやすくなるよ。

「生活の中でこの熟語や慣用句、ことわざを使うならどうなる？」って考えてみよう。おもしろい使用例を思いつくんじゃないかな。

●（例）「蛇ににらまれた蛙」

《使用例》算数のテストの点数を見せたら母親が怒り出した。叱られている最中、私は蛇ににらまれた蛙のようだった。

《わたしが考えた意味》おかあさんが怖くて、逃げられないくらい体が固まる様子

こんなふうに、自分流の『言葉の辞書』をつくっていくのもおもしろいよね。夏休みの自由研究にしてもいいかもね。

辞書に付箋をどんどん貼る

辞書引きもマッピングする

知らない言葉を辞書で引いたら、そのページに調べた言葉を書いた付箋《ふせん》を貼ろう。付箋が増えていくと達成感があるから、辞書を引くのも楽しくなっていくんじゃないかな。友達や家族で、どちらが早く引けるか競争しながら調べるのもおもしろいよ。

- **ステップ1：調べたい言葉があれば辞書を引く**
- **ステップ2：その言葉を付箋に書いて、辞書の言葉が載っているページに貼る**
- **ステップ3：マッピングにも書く**

ノートの真ん中の円に「辞書引き」と書き、右上から線を引いて言葉を書く。その言葉の横からさらに線を2本引いて、上線には意味、下線には使用例を書く。使用例は、かならず場面をイメージしてみよう。

ステップ1

ステップ2

ステップ3

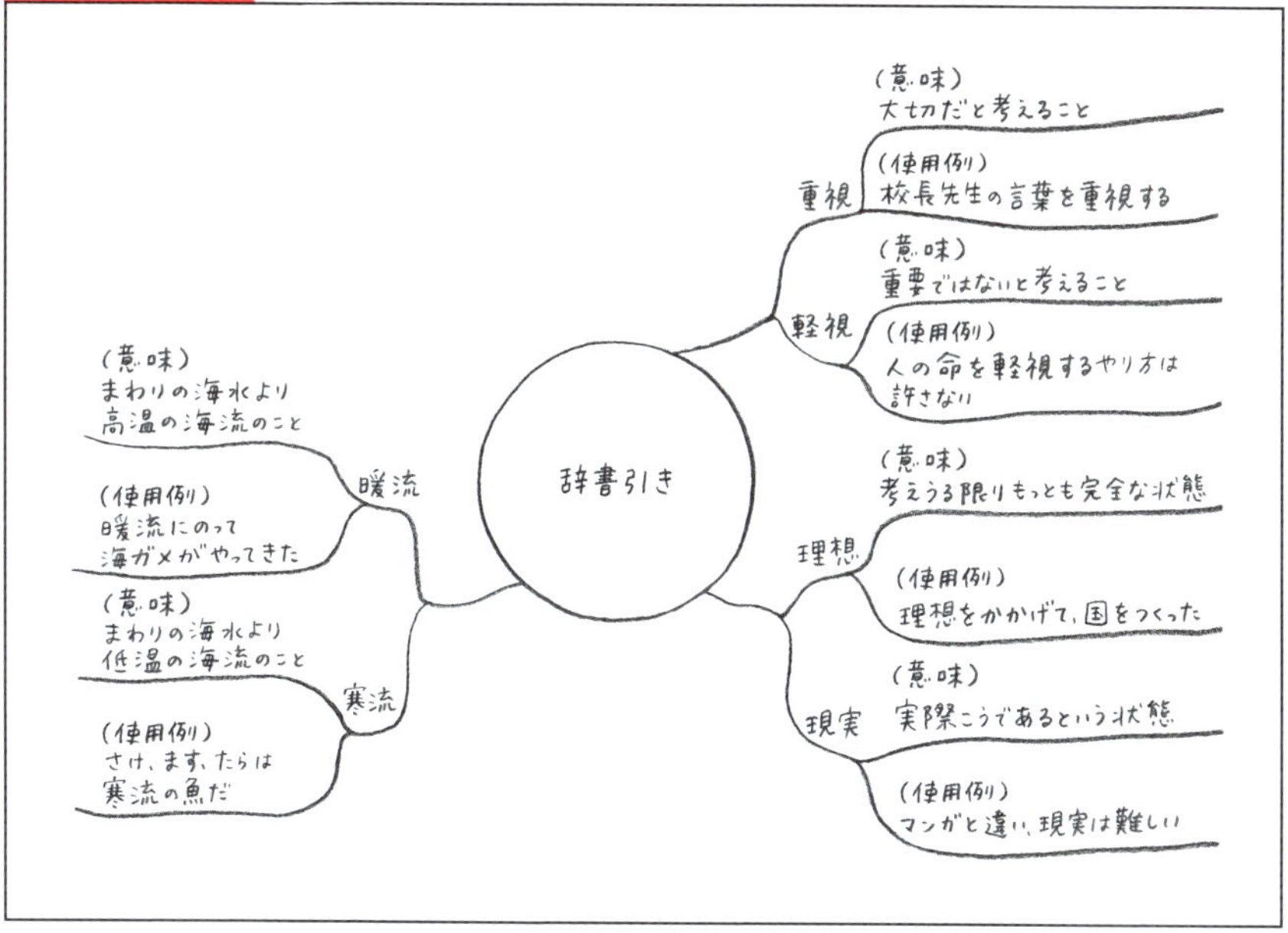

おかあさまへ

辞書引きをゲーム化に！

言葉を覚えるために、テキストや漢字練習帳に書いてあるものをマッピングにして覚えるのもいいのですが、ゲームのようにして言葉を辞書で調べさせると、子どもはより積極的に言葉を覚えていくものです。お子さんの語彙力不足に悩んでいるのでしたら、ぜひゲーム化してしまいましょう。

《ゲームのやり方》

❶全員が辞書を準備する

❷語彙テキストに書いてある言葉を１つ、読み手の人が読み上げる
このとき、意味も伝える。はじめは二字熟語くらいから始める。だんだん三字熟語や四字熟語と難しい言葉へ挑戦していく。

❸読み手が読み上げたら、一斉に辞書を引き、言葉を見つけたら手を挙げて、付箋に漢字で書く

❹言葉を書いた付箋を、辞書のその言葉が書いてあるページに貼る

❺早く見つけた言葉が多かった人の勝ち！

年齢別語彙力テキストを買おう

小学生で使ういろいろな言葉を集めているワークブックには、年齢別になっているものもあります。低学年から語彙力を鍛えたい場合、こういうワークブックを購入してみるといいですね。

低学年の場合、文字を書くのがおっくうなお子さんもいます。そのときは**言葉だけ文字で書いて、意味はイラストにしてもいい**ですよ。

(例) 言葉:へびににらまれたかえる

漢字は成り立ち辞典で学んでみよう

「うちの子、漢字嫌いなんです」という悩みをよく耳にします。何度も書いて覚えるというやり方が嫌いなお子さんは多いですね。そんなときには、**「漢字の成り立ち辞典」や「成り立ち＋唱えて覚えるワークブック」などを活用してみましょう。**形から覚えたり、書き方の順番を唱えながら覚えたりすると、楽しんで取り組めます。

子どもは工夫が大好き！　基本の書き方を教えても、どんどん自分に合ったやり方を工夫していきます。同じ方法で飽きてしまったときは、ゲームにしたり、唱えたりしてみてくださいね。

語彙力を伸ばすアイテムを揃えよう

お子さんにどんな語彙を身につけさせればいいか迷ったら、まずは「辞書」「語彙力マンガ」「語彙力ワークブック」「ノート」をそろえるのがオススメ。

「辞書」で調べる→「ノート」に書く

「語彙力ワークブック」に出てくる言葉や意味→「ノート」に書く
「語彙力マンガ」に出てくる言葉や意味→「ノート」に書く

こんな感じで、お子さんに合ったものを購入してみましょう。

心情語をはじめ、男の子は苦手なことが多いもの。ただテキストを写すのはつらそうなら、次のように取り組んでもらうと楽しめます。

❶実際の教科書に出てくる物語文を読みながら、「辞書」で意味を調べる
❷「ノート」に書く（85ページの「心情をあらわす言葉」を参考にしてマッピング）

最近人気の語彙力をマンガにした本などは、読むだけにして補うのもいいでしょう。

気をつけたいのは、一度に全部こなそうと思わないこと。無理をしすぎると、やる気が長続きしません。「カラフルなイラストいっぱいのノートづくり」を楽しんだり、「自分流の語彙辞典づくり」を楽しんだり、どこからはじめると楽しめるかを考えてあげるのがいいですね。それが、長続きできる秘訣です！

3 章

「読解力」を グーンと伸ばす 「要約力」の磨き方

お子さんにもお母さまにも
お読みいただきたい章です

要約力がつくと文章がグーンと理解できる！

要約力とは、まとめる力のこと

「要約」という言葉を知っているかな？　要約とは、「まとめる」ということ。この力をつけるのは、とても大事だよ。なぜかというと、まとめる力（要約力）がつくと、文章の大切なところだけを拾うことができるようになるからなんだ。

長い文章や難しい文章でも、大切なところだけまとめられたら、とても読みやすくなるよ。この章では、読解力をぐんぐん伸ばすために必要な、要約力の身につけ方について解説するね。

要約力がつくと、答えの場所がすっとわかる

「文章を要約する」ということは、大切なところだけ拾い読みをしているということだよ。長い文章をそのままダラダラ読んでいると、どこに大切なポイントが書いてあったかなんてすぐに忘れちゃうよね。でも、**文章を要約できるようになると、問題で問われている箇所もすぐにわかるし、答えもすっと見つけられるようになる**んだよ。

要約力がつくと答えを見つけるのも早くなる

マッピングを使って要約しながら書くこともオススメ。これに慣れると、読みながら大事な文章に線を引くことができるようにもなるよ。

線を引いたところが問題で問われることもかなりあるから、ぜひやってみてほしいんだ。

国語｜物語文のマッピングを使って要約してみよう！

物語文を読むときに、押さえておきたいポイントは次の3つだよ！

●ポイント1：場面ごとの出来事のまとめ（あらすじ）
●ポイント2：その場面に出てくる心情語
●ポイント3：そのときの気持ち

この3つを押さえながら読むと、スッと読めるんだ。

では、マッピングを使って、物語文の要約の練習をしてみよう。完成図の構成は左図のようになるよ。

まずは、実際の物語文を要約してみよう。次ページの文章を読んでみてね。

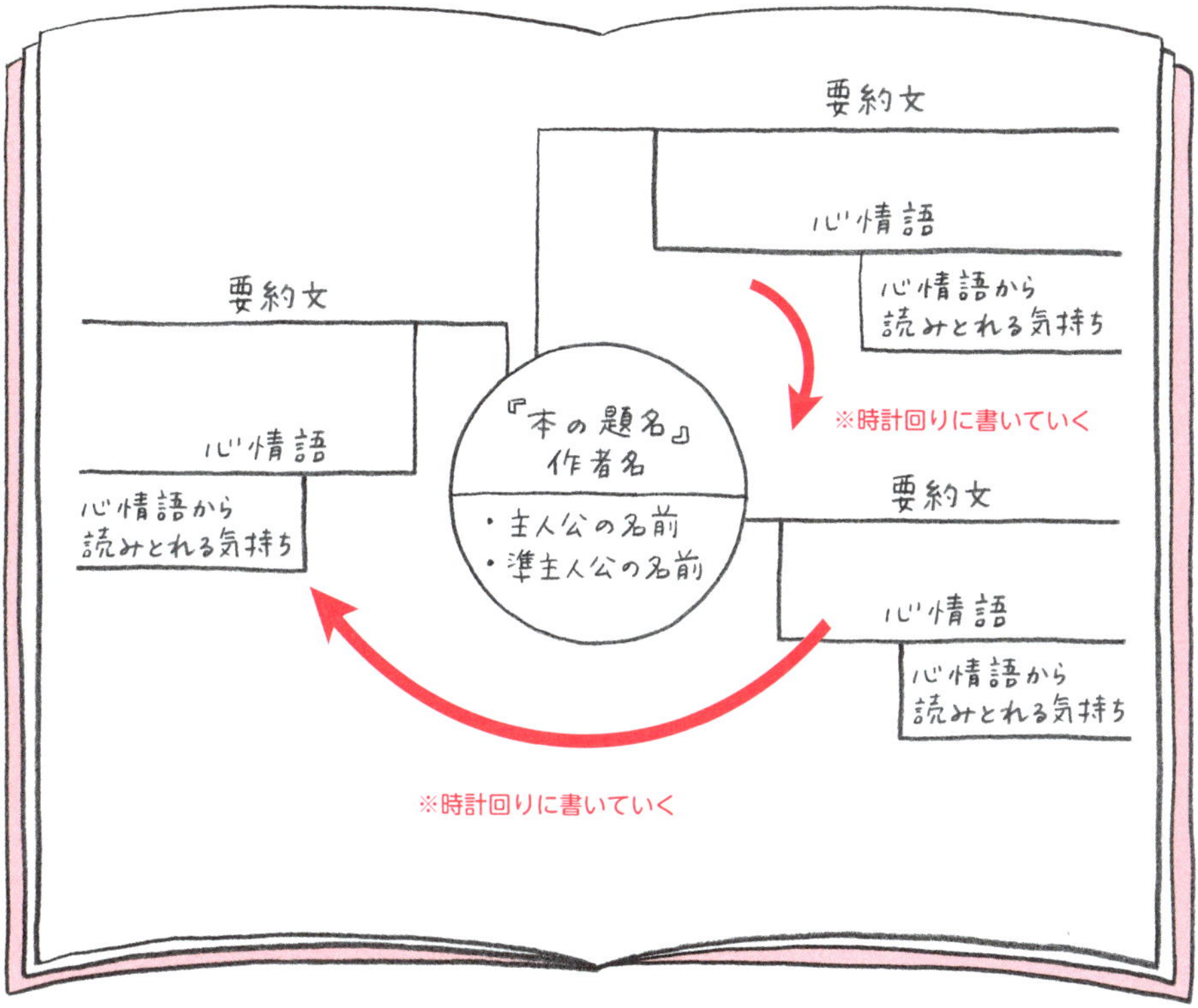
要約文
心情語
心情語から
読みとれる気持ち
※時計回りに書いていく
『本の題名』
作者名
・主人公の名前
・準主人公の名前
要約文
心情語
心情語から
読みとれる気持ち
要約文
心情語
心情語から
読みとれる気持ち
※時計回りに書いていく

福島のおばあちゃんが、祐一のセーターを編むからと言ってきたのは三ヶ月前だった。いま七十三歳だが、もともと手先が器用で、祐一のパパが子供のころは服もセーターも、すべておばあちゃんの手製だったという。

去年の夏、ゲートボール場へ行く途中で左足首をくじいてから、立ち居が不自由になった。あまりに手持ちぶさたなので、孫のセーターでも編もうと思いたったのだそうだ。

「いちばん初めに祐一のを編むんだって、はりきってらしたんだけど。…やっぱり、ひさしぶりなんで間違っちゃったのかしら？」

ママは、そっとつぶやいた。細かい編み目を数えるのは、お年寄りには厄介な仕事だ。おばあちゃんは数えちがいをしたのかもしれない。

「やだよ、こんなに長くちゃおかしいよう」

急いで脱ごうとすると、ママは祐一の腕をつかんで、ひどく優しい声で言った。

「せっかくおばあちゃんが編んでくださったんだからね。ほら、こうすればいいでしょ」

両手で袖口を巻き上げた。三段折りにされた袖は手首の

とうとうママの仰せに従うことになって、祐一は太い袖口を気にしながら出ていった。案の定、遊び仲間が目ざとく見つけて、

「おまえ、腕輪してんのか？」

と、面白そうに聞いてきた。

べつの仲間は、感心したように言った。

「それって長くのばすと、手袋にもなるんだろ。便利なんだよな」

祐一は、すっかり落ち込んでしまった。

その夜、ママに内緒で、福島へ電話をした。

「あら、祐一くん、セーターのお礼？」

電話に出たのは、従姉の達子だった。中学三年生で、一人っ子の祐一にとっては口うるさい姉のような存在なのだ。

「おばあちゃん、もう寝たわよ。明日の朝、言っといてあげるから」

「あのう、セーターの袖、長すぎるんだけど直してくれるかって聞いといてください」

「袖が長くて、どうしていけないの？」

と、達子は意外なことを言った。

ところで太い輪となった。

「なんだよう、これじゃ手錠をかけられた犯人みたいじゃないかあ」

「我慢しなさい。…いまに編み物のできる人に頼んで、直してもらってあげるから」

どうやらママは編み物が苦手らしい。どうりで、いままで手編みのセーターなど一度も着せてもらったことがない。

「いつものようなセーターがいいよう」

「今年は、おばあちゃんが編んでくださるっていうんで、買わなかったの」

毎年秋の終わりになると、ママはバーゲンセールでセーターを買ってくる。そっちのほうは、胴まわりも丈もぴったりで、袖も決して長すぎるようなことはない。

そのかわり、ひと冬だけで小さくなってしまう。翌年には着られなくなって、ママは仕方なく押入れにしまい込む。


〈中略〉


「あ、…でも」

「その袖には、早く大きくなるようにって、おばあちゃんの願いがこもってるのよ」

「それは、…分かるけど」

「おばあちゃんは、もう目が弱ってるのよ。それなのに、寒くなる前にって、夜中まで一生懸命に編んでくれたんじゃないの」

「あ、…はい」

「あたしなんか羨ましいくらいだわ。あんたのために、おばあちゃんは好きなテレビも観ないで編んでたんだから」

達子の語調が厳しくなってきたので、祐一は大あわてで受話器をおいた。

はずみで巻き上げた袖口がほどけて、てのひらが半分隠れてしまった。左手で巻き直していると、編み物をしているおばあちゃんのようすが目に浮かんだ。

「ぼく、やっぱりこのままでいいや」

つぶやくと、ふいに瞼の裏が熱くなった。


（内海隆一郎『だれもが子供だったころ』）

続いて、物語文のマッピングを始めよう！

STEP 1 マッピングの準備

A４～A３の白紙を使おう。マッピングは横に長くなるから、ノートなら横向きにしたほうが書きやすいよ。A４ノートを左右見開き２ページで使ってもいいね。

STEP 2 用紙の真ん中を埋める

用紙の真ん中に横線を引いた丸を描いて、**上段に「物語文の本の題名」「作者」、下段に「主人公」「準主人公」の名前を書こう**。

物語文は、主人公や準主人公から見た出来事やそのときの気持ちをつづってストーリーにしてあるから、**最初に登場人物を押さえておくといい**んだよ。この物語文の場合、主人公は祐一。ほかの登場人物はおばあちゃん、ママ、達子だね。

まず
登場人物を
押さえよう！

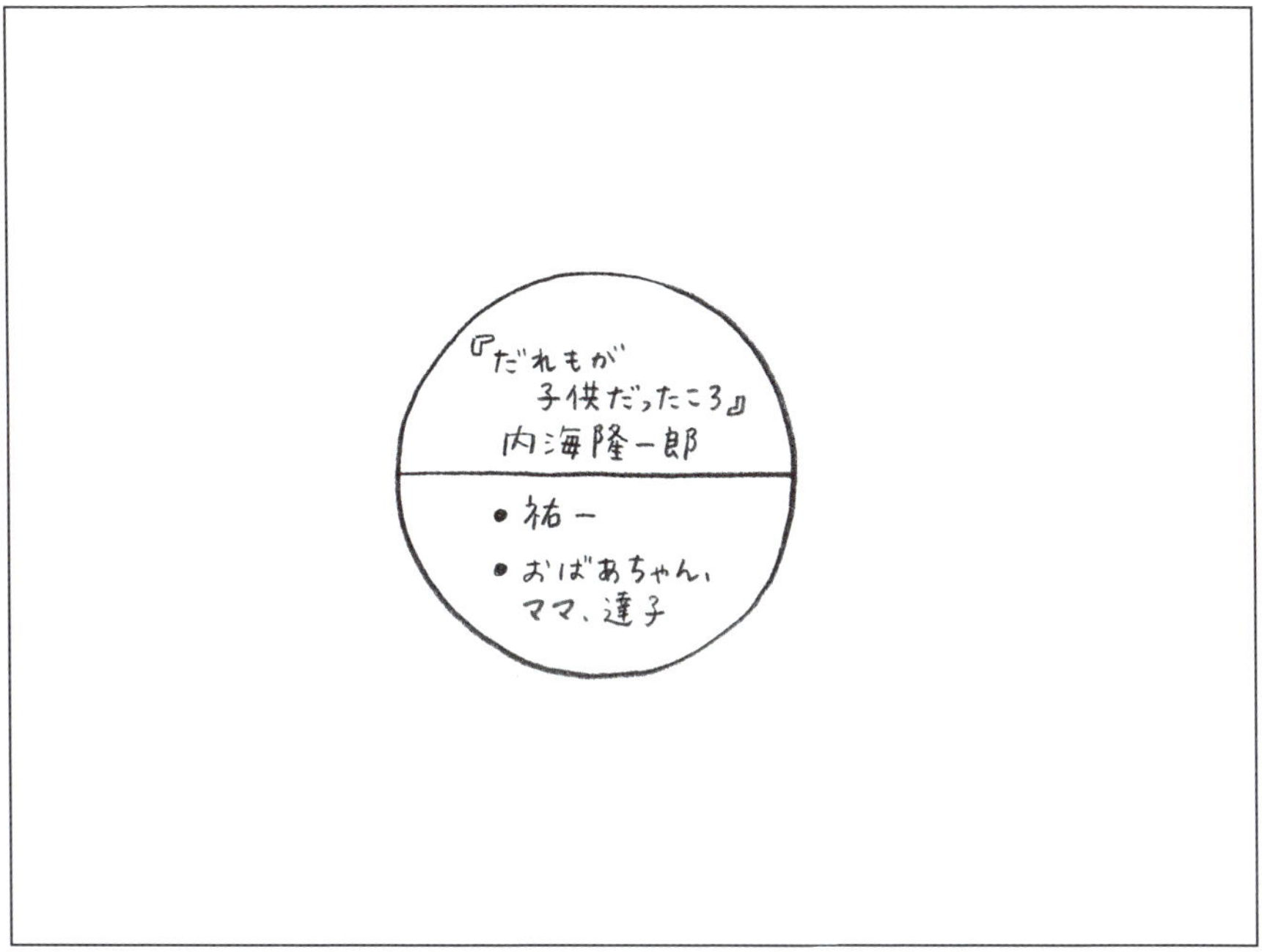
『だれもが
子供だったころ』
内海隆一郎
• 祐一
• おばあちゃん、
ママ、達子

STEP 3 物語を場面で分ける

場面を分けると言われても…どう分けていいのかわからないよね。

そんなときには、次の3つのタイミングに注目しよう！

- **タイミング1：場所が変わるとき**
- **タイミング2：時間が変わるとき**
- **タイミング3：登場人物の気持ちが大きく変わるとき**

このどれかに当てはまったときには、そこを1つの場面として数えよう。この3つのポイントについて、ドラえもんの話でたとえてみるね。

のび太の家で、ドラえもんとのび太が2人で話をしていました。2人は、退屈になったので、空き地へ行って遊んでいます（**場所が変わる**）。

空き地で遊んでいると、ジャイアンがやってきて、無理難題をふっかけられ、のび太はベソをかいてしまいます（**気持ちが変わる**）。

そのまま逃げ出し、土管の中に隠れているといつの間にか眠ってしまい、気がつくと夜になっていました（**時間が変わる**）。

タイミング1 場所が変わるとき

タイミング2 時間が変わるとき

タイミング3 登場人物の気持ちが大きく変わるとき

物語の
場面を分ける
3つのタイミングは
コレだよ!

この話の場合は、4つの場面に分けられるね。

・のび太の家の場面 ←

・空き地の場面 ←

・ジャイアンが出てくる場面 ←

・夜の場面

こんなふうに場面を分けてみよう。

「間違っていないかな…」なんて気にしなくてもいいよ。テストじゃないからね。**要約するために分けるだけだから、正解かどうかなんて気にせず、どんどんやってみよう!**

では、『だれもが子供だったころ』の物語文に戻って、場面を分けてみよう。

❶おばあちゃんがセーターを編むと言ってきたいきさつの場面
❷袖が長いセーターが送られてきたので、ママと祐一が話す場面
❸遊び仲間と遊んでいる場面
❹夜おばあちゃんへ電話することを決心する場面
❺達子からおばあちゃんが、一生懸命セーターを編んでいたことを聞かされる場面

こんなふうに分けられるんじゃないかな。これをざっくり2つの場面に分けるとすると、大きなセーターを送られてきて、いろいろ考えている場面❶〜❸と、おばあちゃんのセーターに込めた気持ちを祐一が知る場面❹〜❺になるね。

今回は要約に慣れるために、あえて小さな場面で分けていこう。

おかあさまへ

正解にとらわれなくていい

はじめのうちは、お子さんにはどこで場面が変わるかはまったくわからないので、一緒に考えてあげるといいですね。

「あれ、ここで次の日になったから、場面が変わったってことじゃないかな？」などと声かけをしてあげるといいでしょう。

また、場面が変わったところにおかあさまが線を引いてあげてもいいと思います。そのうちに1人でも場面分けできるようになっていきますので、それまで気長に待ってあげてくださいね。見てあげるときには、「正解じゃなくてもいい」という気楽な気持ちでやりましょう。

STEP 4 物語の場面ごとに、あらすじをまとめる

いよいよ場面ごとに、あらすじをまとめていくよ。場面ごとに「いつ」「だれが／なにが」「どこで」「だれと／なにと」「なにをした／どうした」を書き出そう。『だれもが子供だったころ』の物語文を、実際にマッピングしながら場面ごとにまとめると、次のようになるよ。

❶おばあちゃんがセーターを編むと言ってきたいきさつの場面

去年の夏（いつ）、福島のおばあちゃんが（だれが）左足首をくじいてから（どうした）、手持ちぶさたなので（どうした）、孫のセーターを編むと言ってきた（どうした）。

❷袖が長いセーターが送られてきたので、ママと祐一が話す場面

袖が長いセーターが送られてきて（いつ）、祐一は（だれが）着るのを嫌がったが（どうした）、ママは（だれが）慣れれば気にならないと言った（どうした）。

❸遊び仲間と遊んでいる場面

遊んでいるとき（いつ）、遊び仲間に（だれが）袖の長いことをいろいろ言われ（どうした）、祐一は（だれが）落ち込んでしまった（どうした）。

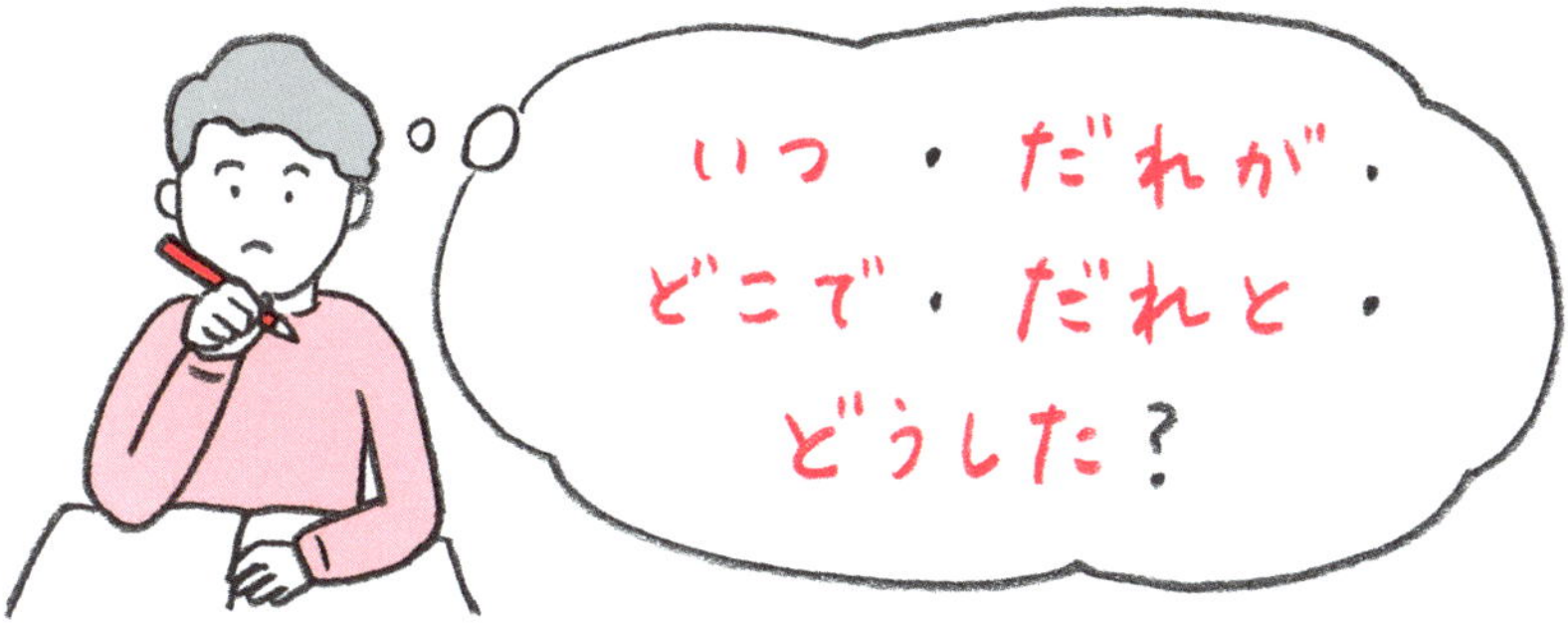

❹夜おばあちゃんへ電話することを決心する場面

その夜（いつ）祐一は（だれが）ママに内緒で福島に電話をした（なにをした）。

❺達子からおばあちゃんが、一生懸命セーターを編んでいたことを聞かされる場面

電話でいとこの達子から祐一は（だれが）、おばあちゃんが祐一のために夜中まで一生懸命編んでくれていたことを知り（どうした）、このままでいいやとつぶやく（どうした）。

《要約ノートの書き方》

❶１本目は、真ん中から右上に線を横に引く

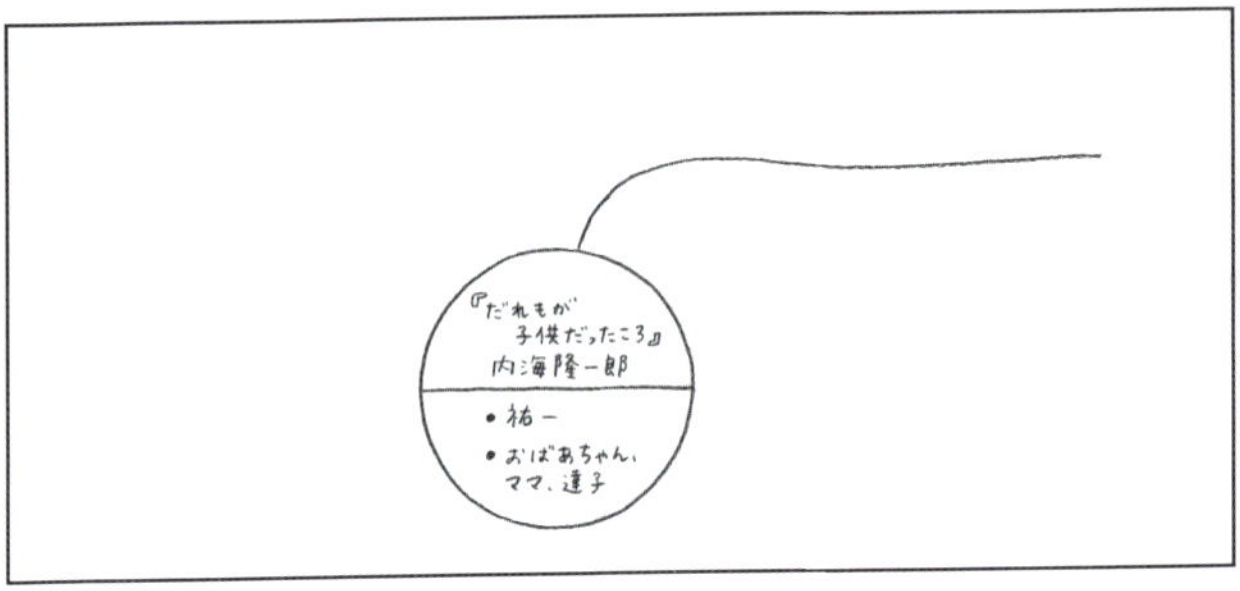

『だれもが子供だったころ』
内海隆一郎
・祐一
・おばあちゃん、ママ、達子

❷その線の上に、「いつ」「だれが／なにが」「どこで」「だれと／なにと」「なにをした／どうした」を簡潔にまとめる（黒色で書こう）

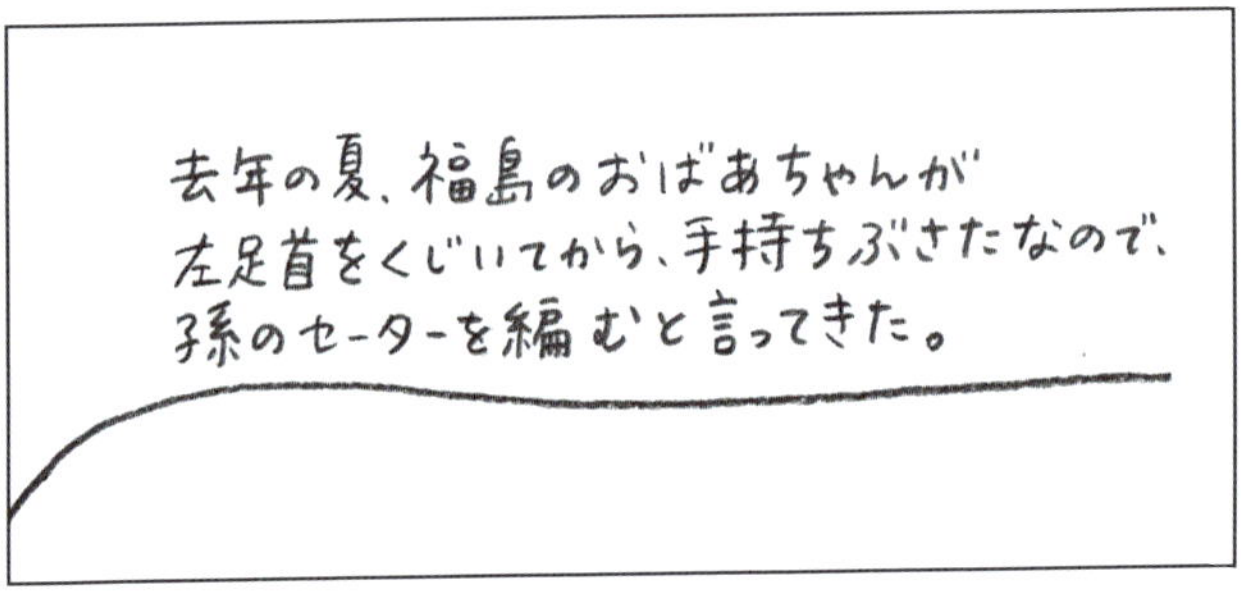

去年の夏、福島のおばあちゃんが
左足首をくじいてから、手持ちぶさたなので、
孫のセーターを編むと言ってきた。

❸２本目は、①の下に少し間を空けて線を引く

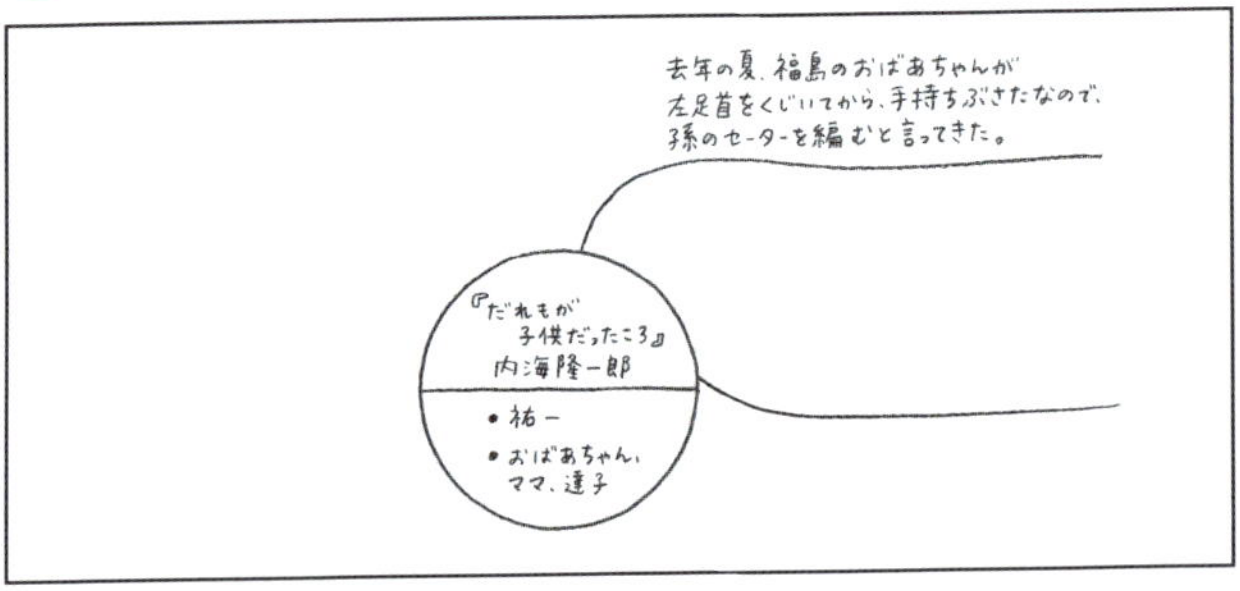

去年の夏、福島のおばあちゃんが
左足首をくじいてから、手持ちぶさたなので、
孫のセーターを編むと言ってきた。
『だれもが子供だったころ』
内海隆一郎
・祐一
・おばあちゃん、ママ、達子

❹②と同じように、簡潔にまとめた文章を書く

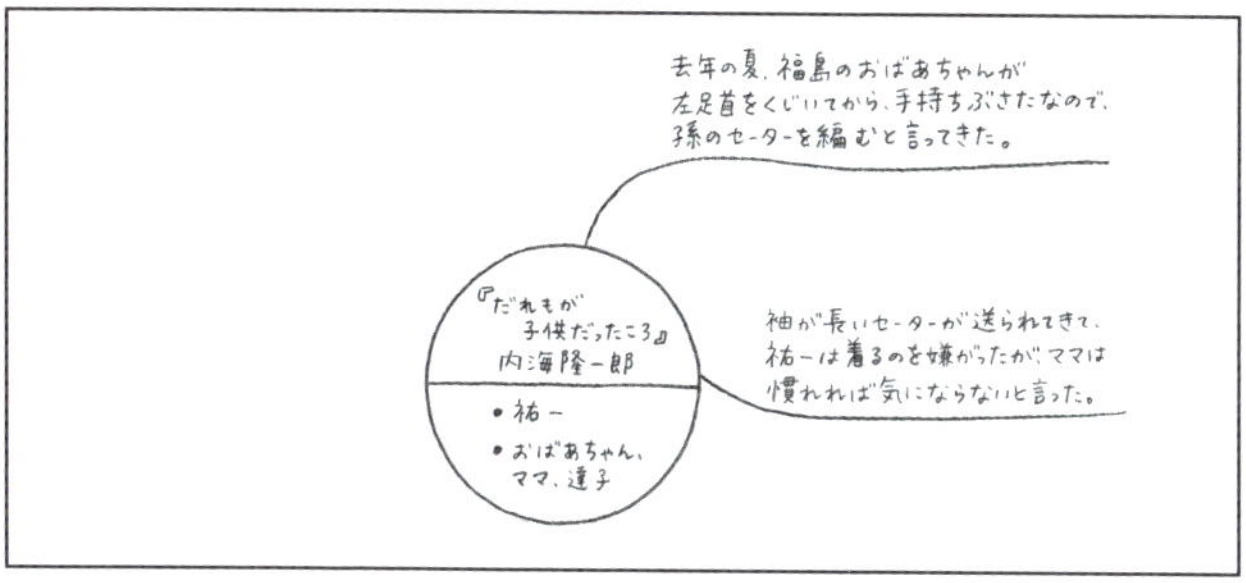
去年の夏、福島のおばあちゃんが
左足首をくじいてから、手持ちぶさたなので、
孫のセーターを編むと言ってきた。
『だれもが子供だったころ』
内海隆一郎
・祐一
・おばあちゃん、ママ、達子
袖が長いセーターが送られてきて、
祐一は着るのを嫌がったが、ママは
慣れれば気にならないと言った。

❺あとは繰り返し時計まわりに、場面ごとにまとめた文章を書いていく

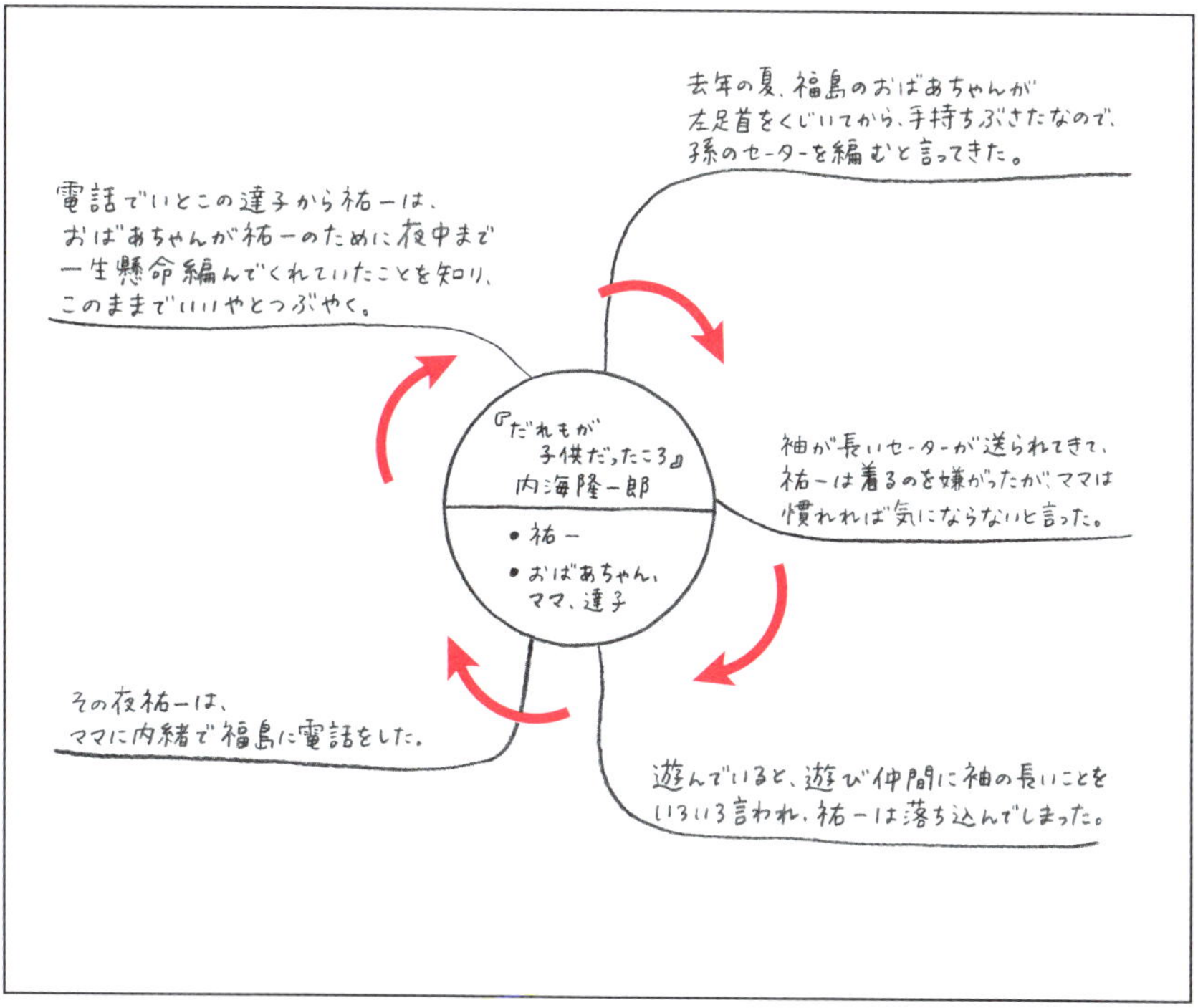
去年の夏、福島のおばあちゃんが
左足首をくじいてから、手持ちぶさたなので、
孫のセーターを編むと言ってきた。
袖が長いセーターが送られてきて、
祐一は着るのを嫌がったが、ママは
慣れれば気にならないと言った。
遊んでいると、遊び仲間に袖の長いことを
いろいろ言われ、祐一は落ち込んでしまった。
その夜祐一は、
ママに内緒で福島に電話をした。
電話でいとこの達子から祐一は、
おばあちゃんが祐一のために夜中まで
一生懸命編んでくれていたことを知り、
このままでいいやとつぶやく。
『だれもが子供だったころ』
内海隆一郎
・祐一
・おばあちゃん、ママ、達子

STEP 5 場面ごとの「心情語」を抜き出して、あらすじの下に書く

ここまでは、あらすじを要約して読む方法を学んできたね。この方法でも、文章をしっかり読めるようになっているけど、**国語の物語文の場合は、主人公や準主人公の心情を読みとることが重要**なんだ。

次のような、「気持ち」を考えさせる問題が出題されているのをよく見るんじゃないかな。

> **問題**
> **下線部「わたしもおじゃま虫じゃないんだ」と考えているときの◯◯の気持ちとして適切なものを選びなさい。**

心情というのは、直前にきっかけとなる出来事があって、うれしくなったり悲しくなったりするものだよ。

たとえば、自分がほしくてほしくてたまらなかったものがようやく手に入ったら天にも昇るような心地になるし、その反対に友達からイヤなことを言われたら気持ちが暗くなってしまうよね。**登場人物の気持ちを考えるときには、きっかけとなる出来事は見逃せないんだ。**

心情を表す言葉

・**気持ちを表す**
（例）安心した／悲しくなった

・**会話文のセリフから気持ちを読みとる**
（例）父が「いいかげんにしろ！」と言って
席を立った（怒り）

・**登場人物の動作や行動から気持ちを読みとる**
（例）弟はそれを聞いてうなだれ、
そのまま出ていった（がっかり）

・**登場人物の表情から気持ちを読みとる**
（例）妹は、キッとした目でこちらを見た
（怒り、いらだち）

・**天気や風景の描写から気持ちを読みとる**
（例）部屋から外へ出てみると、
太陽がキラキラと輝いていた（喜び、希望）

こういう言葉は、心情を表しているからチェックしよう！

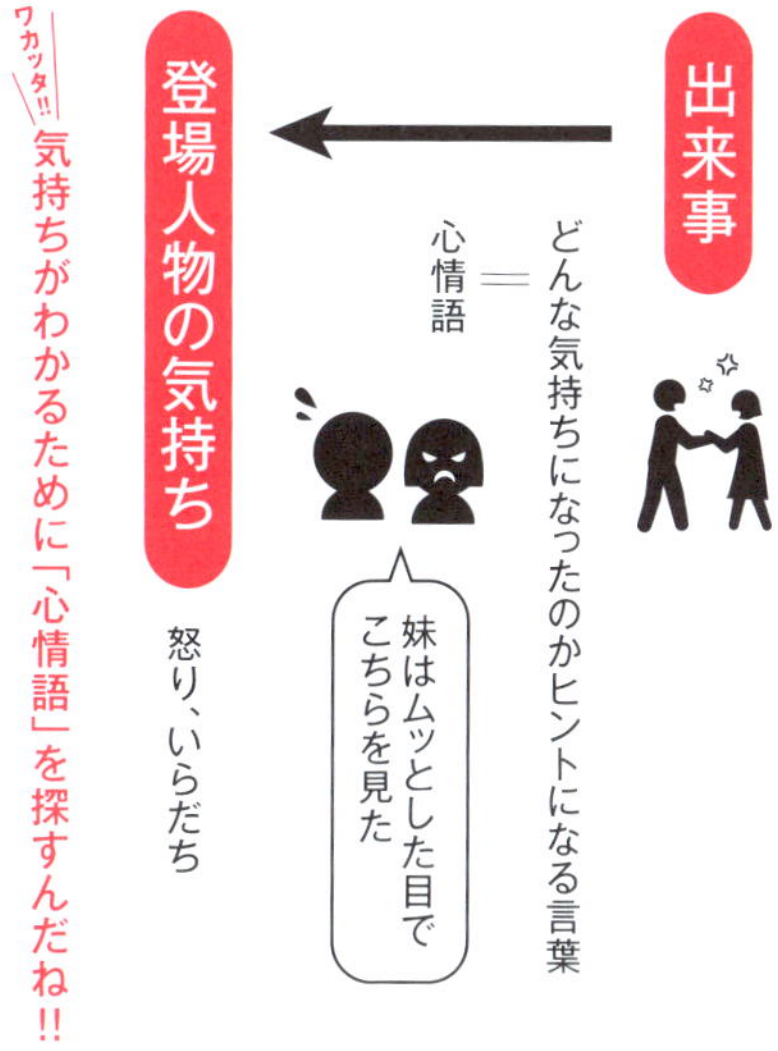
出来事
どんな気持ちになったのかヒントになる言葉
＝心情語
妹はムッとした目でこちらを見た
登場人物の気持ち
怒り、いらだち
ワカッタ!!
気持ちがわかるために「心情語」を探すんだね!!

とくに「心情語」＝答えの場合が多いから、「心情語」を場面ごとに探して、マッピングにも書き入れよう。

《要約ノートの書き方》
❶ シーンごとにまとめた文の下に、新たな線をつなげて引く

『だれもが子供だったころ』の場面ごとに文章中の心情語にマッピングしよう

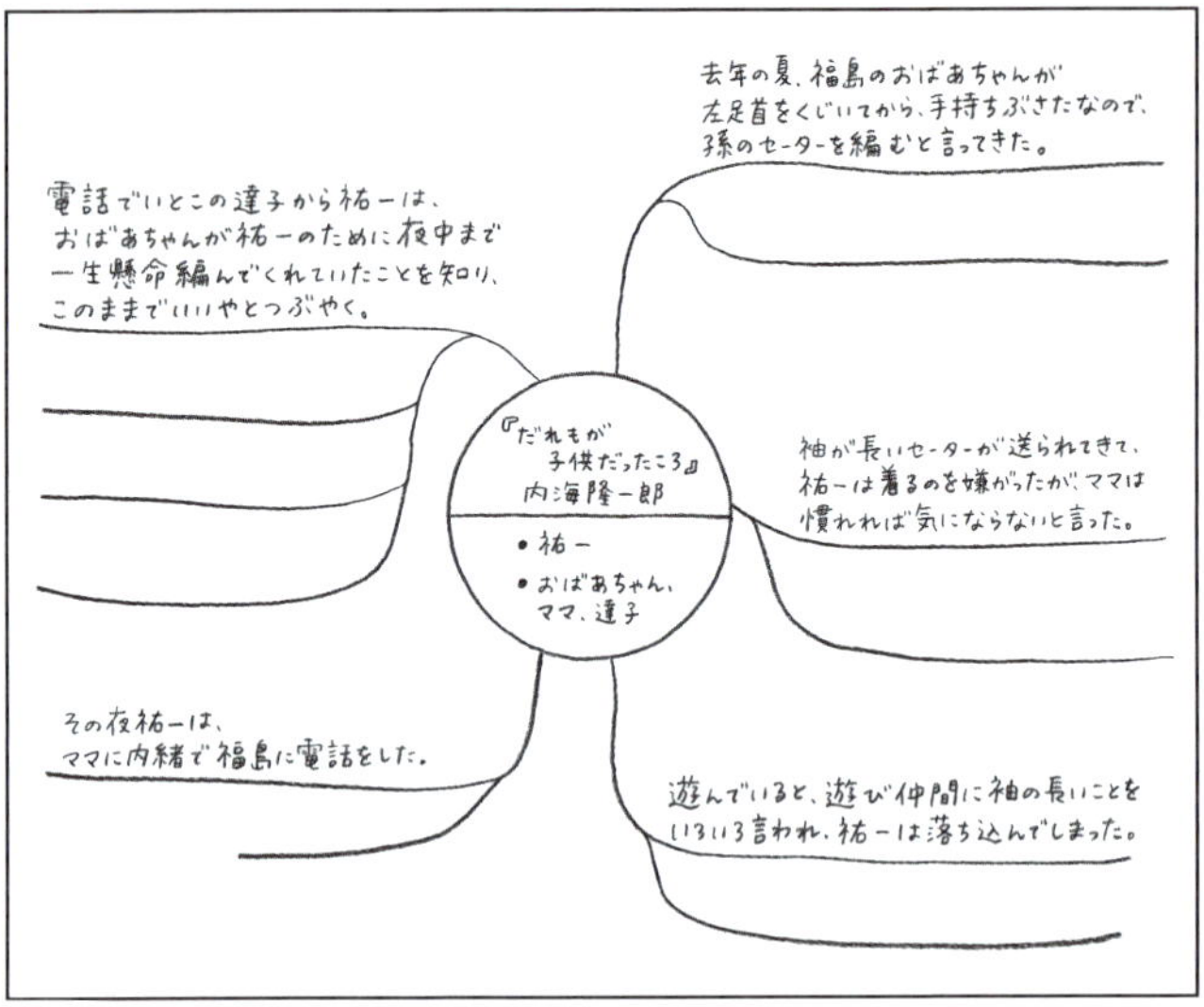

❷その線の上に、文章中に書かれている「心情語」を抜き出して書く

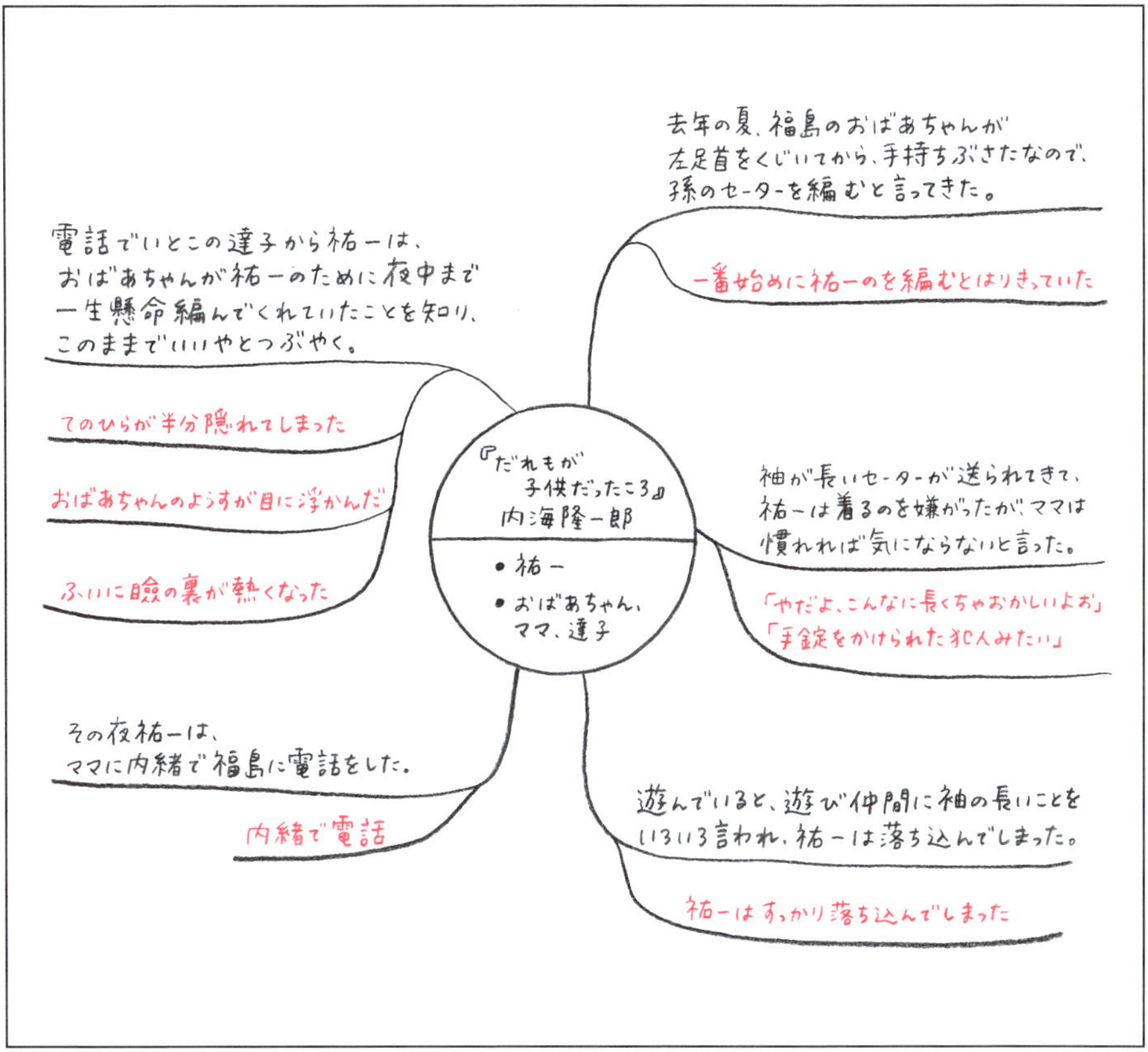

区別しやすいように、あらすじとは別の色で色分けするのがオススメ

『だれもが子供だったころ』の登場人物の気持ちをマッピングしよう

STEP 6 「心情語」から登場人物の「気持ち」を考えて、心情語の下に書く

いよいよ登場人物の「気持ち」を考えるよ。ステップ5で探した「心情語」から、その登場人物の「気持ち」がわかるね。たとえば、「兄はうなだれて出て行った」と書いてあったら、このときの兄の気持ちは「がっかりしていた」と考えられるよね。

でも、「うなだれる」の意味がわからなければ、気持ちがわからないので、語彙力が問われるよ。心情語の表す意味を日頃から調べたり聞いたりしよう。

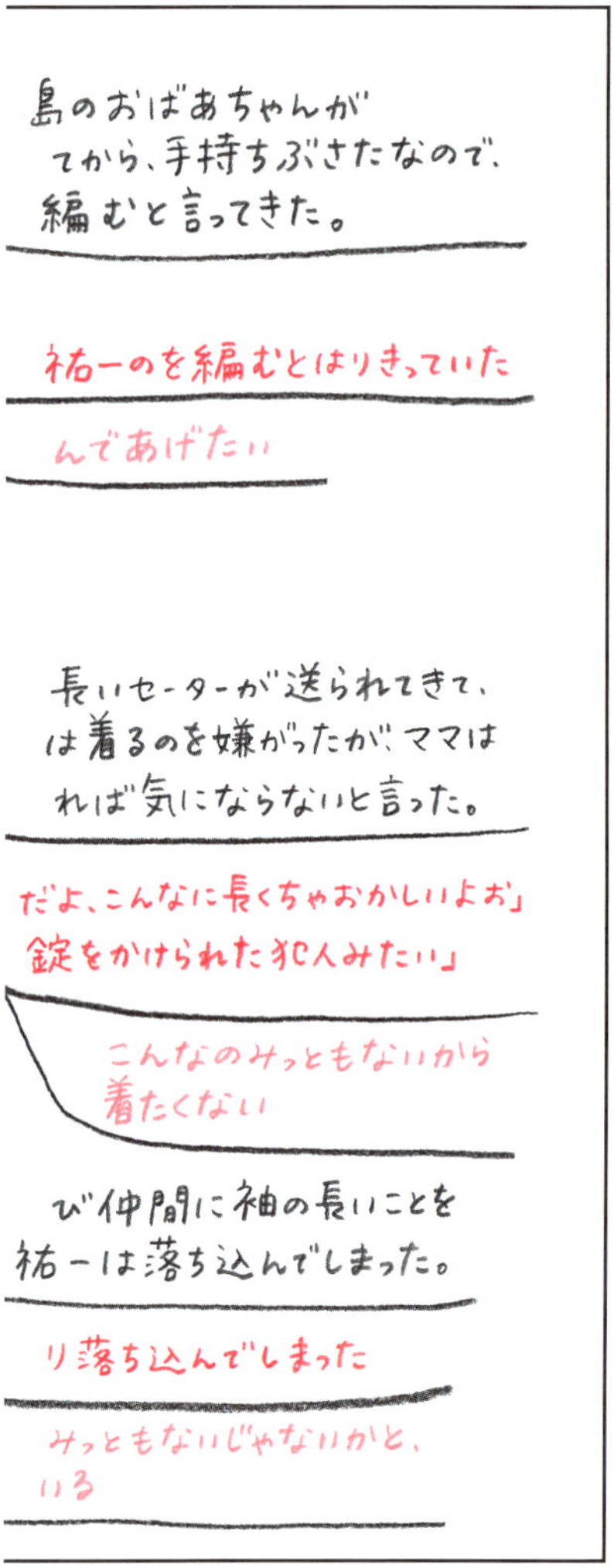

島のおばあちゃんが
てから、手持ちぶさたなので、
編むと言ってきた。
祐一のを編むとはりきっていた
んであげたい
長いセーターが送られてきて、
は着るのを嫌がったが、ママは
れば気にならないと言った。
だよ、こんなに長くちゃおかしいよお」
錠をかけられた犯人みたい」
こんなのみっともないから
着たくない
び仲間に袖の長いことを
祐一は落ち込んでしまった。
り落ち込んでしまった
みっともないじゃないかと、
いる

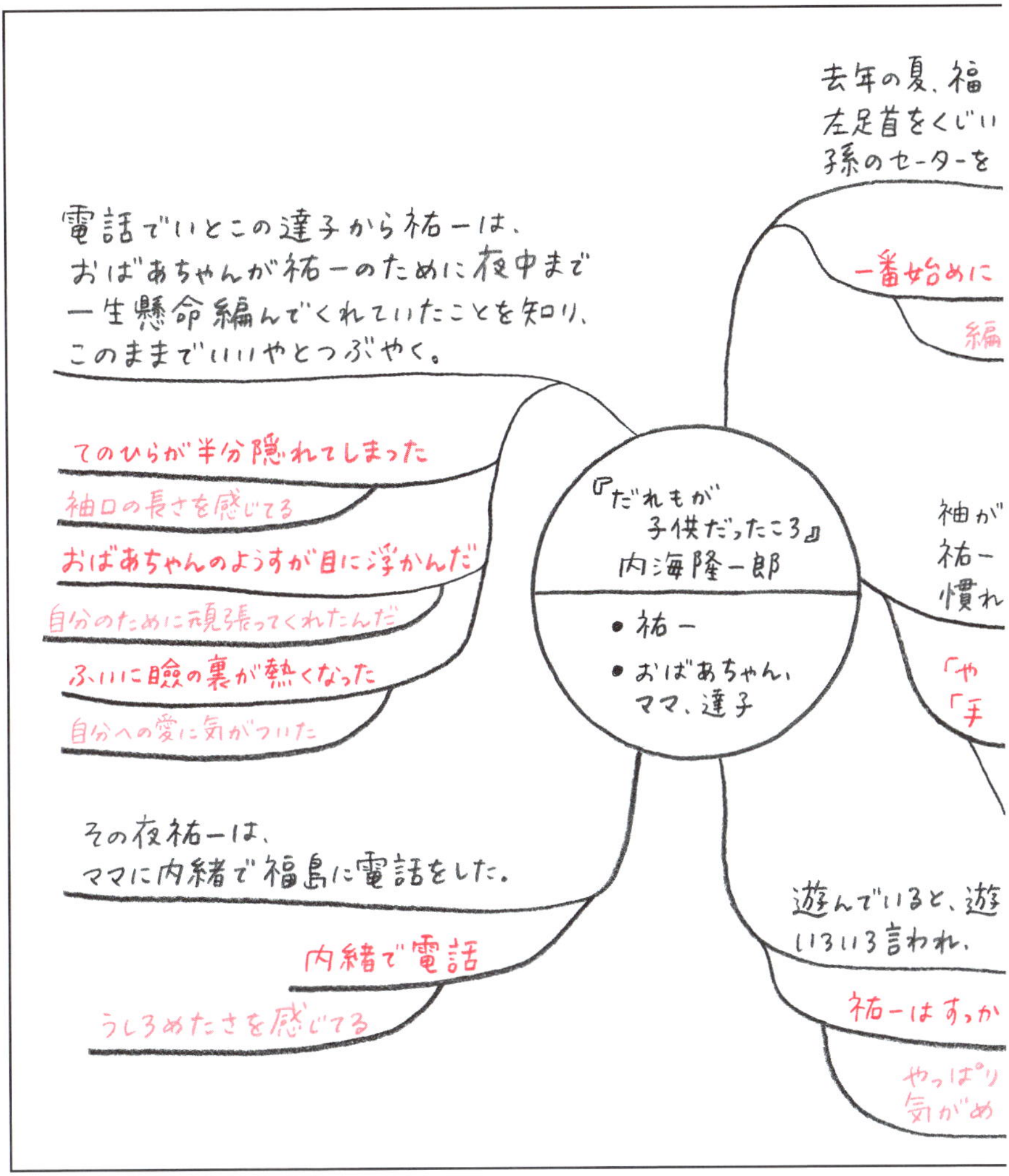

《要約ノートの書き方》

❶「心情語」の線から、横にさらに線をのばして書く

❷その線の上に「心情語」から解釈できる登場人物の「気持ち」を書く（区別しやすいように色分けする）

STEP 7 最初から読んで「出来事」を通した登場人物の気持ちの変化に注目する

ポイントは「出来事」を通して登場人物がどんな気持ちになっていくのかに注目すること。物語文で重要なのは、なんといってもココ！

要約しながら書いてみると、どれほど長い物語文でも簡潔にまとめられるから、とてもわかりやすく感じるよ。

書いたマッピングから主人公の気持ちの変化を読みとろう

大きなセーターを通して祐一がおばあちゃんの愛情を感じる話になっているのが、とてもよくわかるね。

主人公の気持ちの変化

福島のおばあちゃんが、しばらくぶりにセーターを編むことにした。一緒に住んでいるいとこの達子より、遠く離れている祐一に最初に編むんだとはりきっていた。

でも、送られてきたセーターは手首が長くて、みっともなく感じる祐一。お店で売っているセーターのほうがいいと感じる。

そこで、ついにママに内緒でおばあちゃんに電話をかけて、セーターの手首を直してもらおうと思うが、電話に出たいとこの達子から、大きなセーターは、祐一が大きく成長してほしいという願いを込めてつくられたものだったこと、好きなテレビも我慢しながらおばあちゃんが夜までセーターを編んでくれていたということを知って、祐一はおばあちゃんの愛情を感じる。

おかあさまへ

物語は子どもの世界を広げてくれる

はじめはお子さんと一緒に物語を想像し、わからない言葉があれば、一緒に調べてみてください。わからない言葉を知ることで、より鮮明に登場人物の気持ちを感じとる経験ができれば、子どもは１人で調べるようになります。言葉に興味を持てれば、国語への道の第一歩を大きく踏み出したことになります。

子どもは、最初のうちは自分の感情しか感じることができないもの。人への興味が湧かなければ、人の気持ちを思いやったり感じとったりできないまま大人になってしまいます。

物語を読むというのは、自分の世界からほかの人の世界へ通じる扉を開けるということ。大切に育みたいですね。

心情語と気持ちを書き込んだマッピング

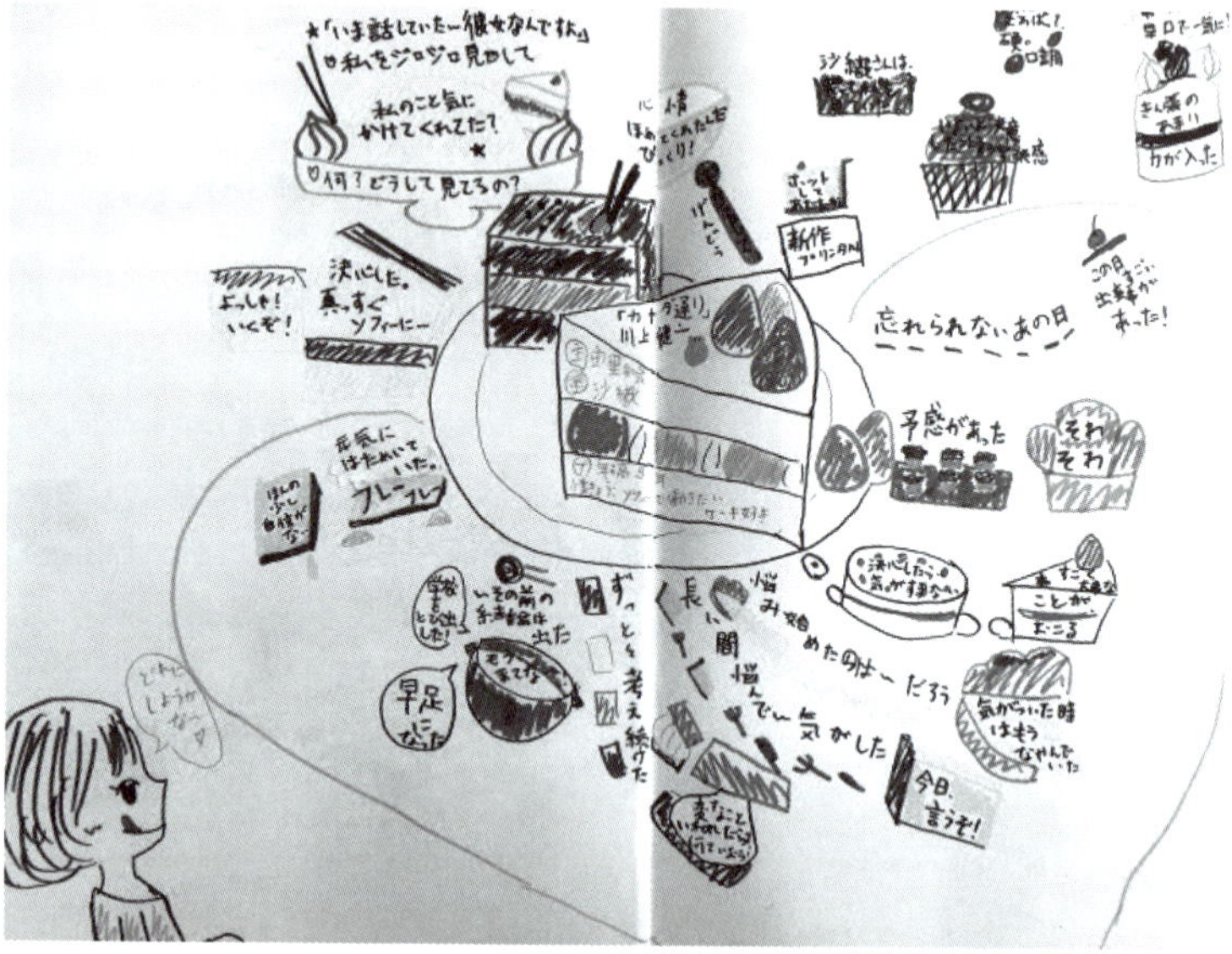

文章が書けなければイラスト要約

おかあさま方から、「要約力はいつから身につけさせることができますか」という質問を受けることがあります。私どものスクールでは、4～5歳で物語を聞いて理解できればスタートさせています。文章をまだ書けないのはもちろんのこと、ひらがなも満足に読み書きできない子どももいますが、物語を聞いて理解できれば大丈夫です。

また、低学年のお子さんや、文を書く力がまだ育っていない場合でも、イラストなら描けますので、ぜひやってみてください。

あらすじ、心情語、気持ちをまとめたマッピング

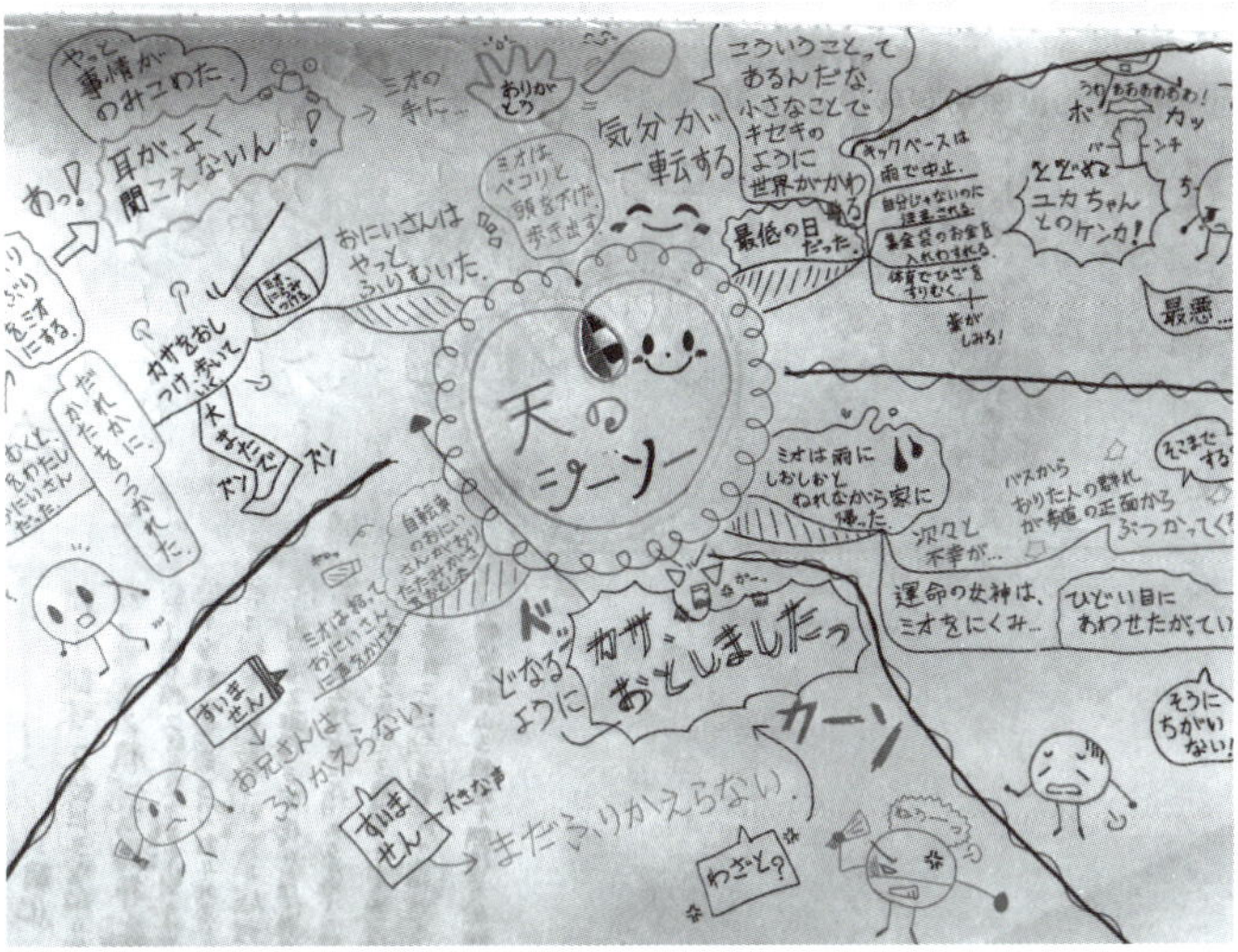

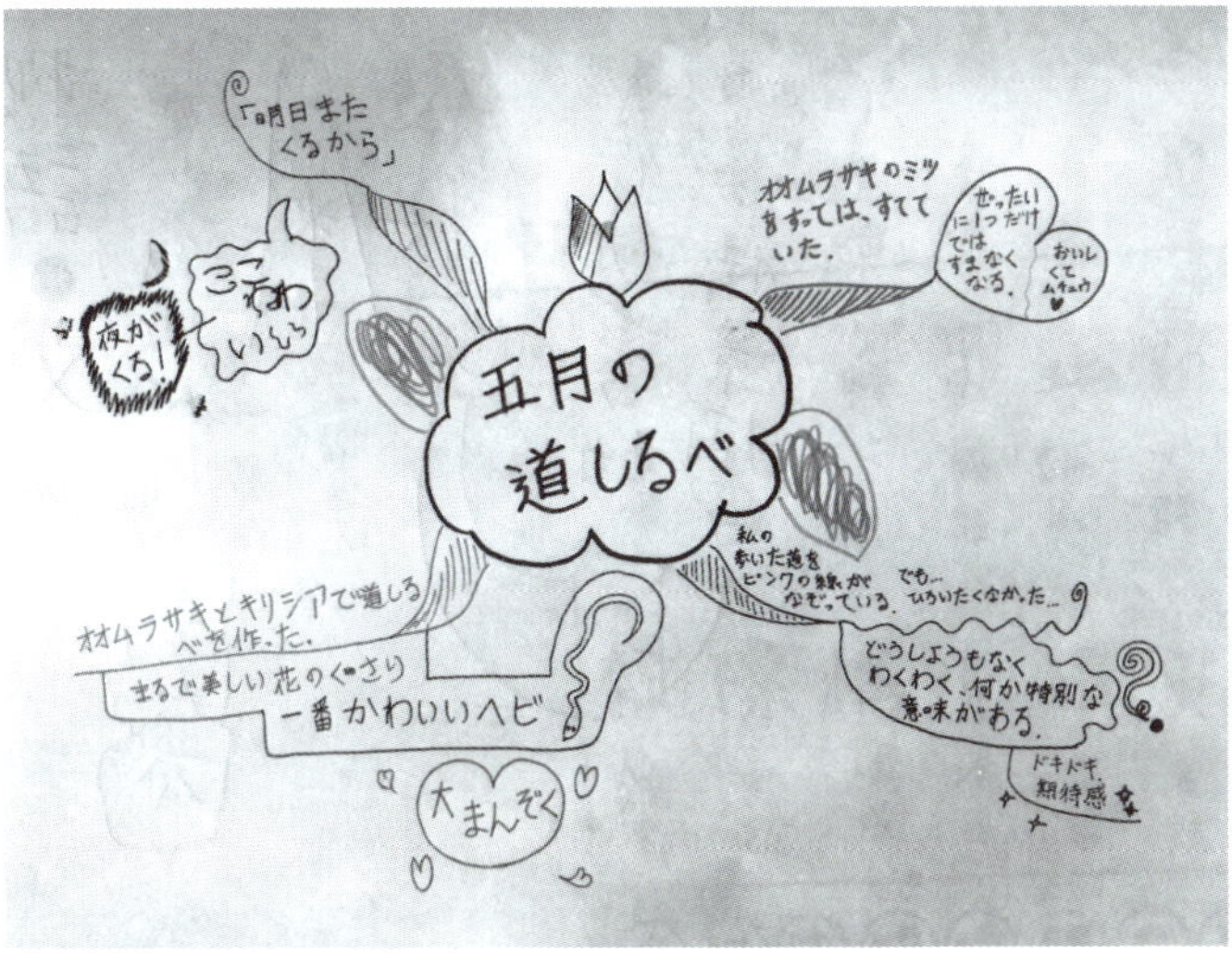

物語をイラストで要約する

次ページの作品は、６歳の女の子が新《にい》美《み》南《なん》吉《きち》『二匹のかえる』という話を４つの場面に分けて描いた絵です。絵を見ただけでどんな話なのか、これを描いた子がどう感じているかまで伝わってきますね。文章を書けなくても、これほど伝えることができるのです。その後、この絵を描いた子が７歳になった頃には、物語文を読むと、場面を分けながらあらすじをほかの人に伝えられるようになりました。

文章で書けるようになるにはもう少し時間がかかると思いますが、ほかの人に言葉で説明できるようになったということは、要約力が育ってきている証です。要約力がついてくると、いざ文章を書けるようになったときには、スムーズに要点を書けるようになります。

文章が書けなくても、要約力は育ちます。また、絵を描かせることで、楽しみながら伸ばすこともできます。あまり文章にこだわらず、お子さんと一緒に紙芝居をつくるつもりでやってみることをオススメします。

❶

二匹のかえるが出会い、お互いに自分のほうが美しいと思っている場面。

❷

ずっとケンカをしているうちに、秋になってしまった場面。

❸

冬が来たので、ひとまず地面の下に穴をほって眠っている場面。

❹

春が来て穴から出てきた二匹のかえるが、土で汚れていたので水浴びをし、相手を見るととてもキレイだと気がつき、仲直りする場面。

国語 ― 説明文をマッピングで要約しよう

説明文を読むときに、押さえておきたいポイントは2つあるよ！

- **ポイント1：テーマ**
- **ポイント2：それぞれの形式段落の中で一番筆者が言いたいこと**

この2つを押さえながら読むと、スッと理解できるんだよ。マッピングを使って、説明文の要約の練習をしてみよう。完成図はこんな構成になるよ。

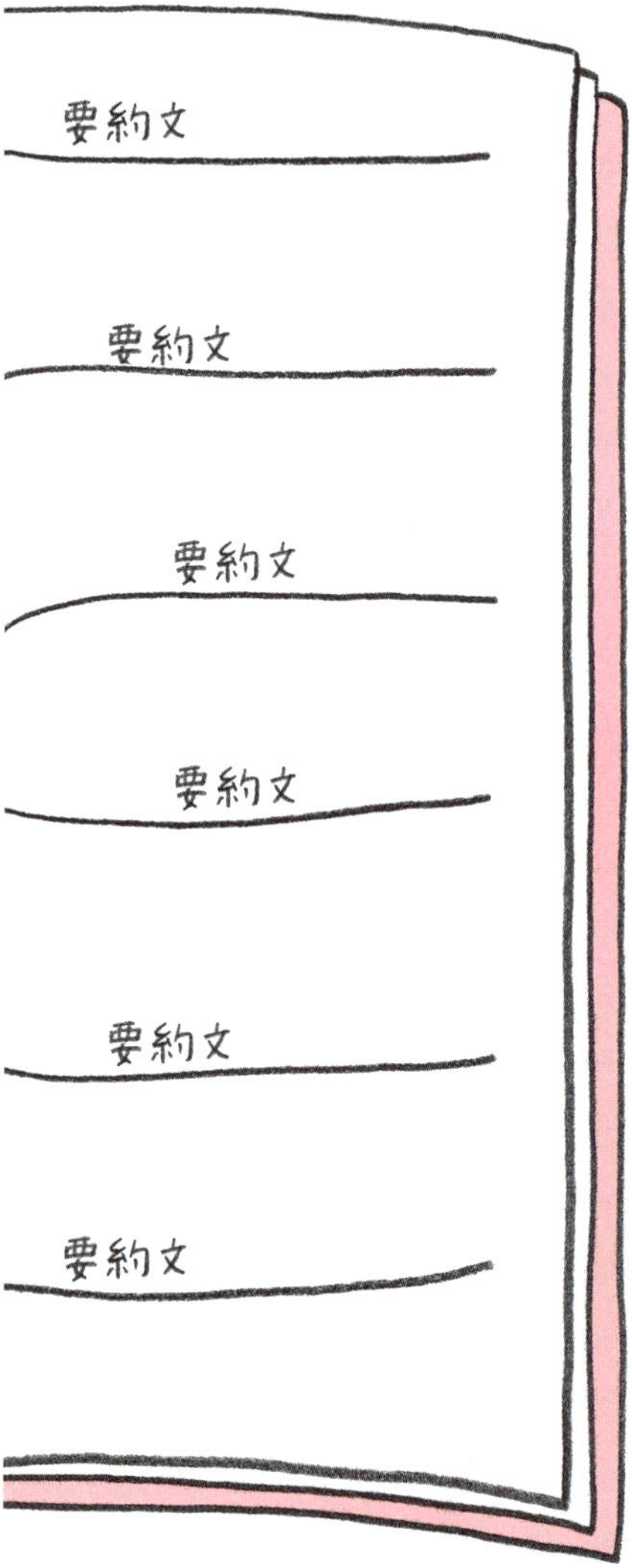

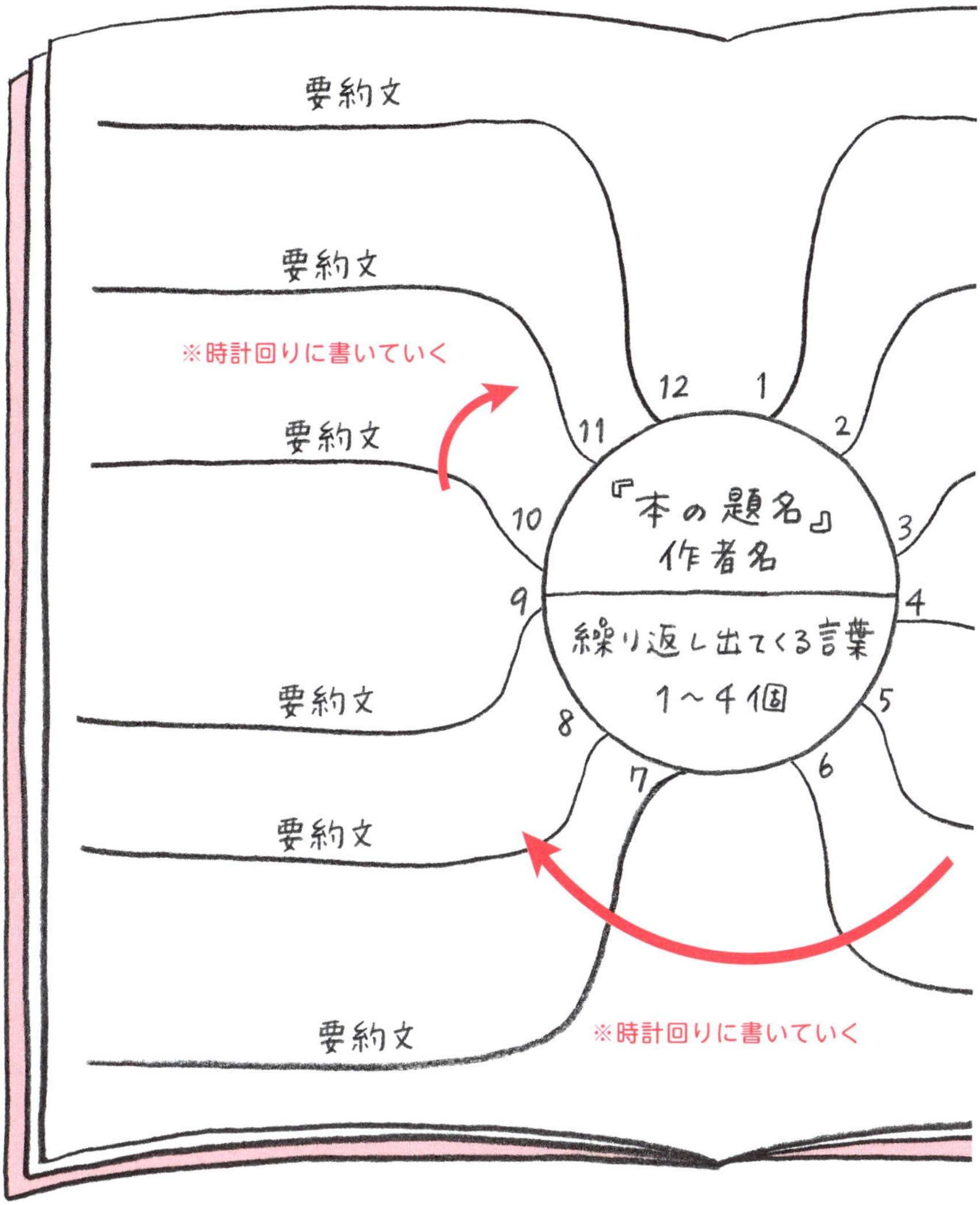
要約文
要約文
※時計回りに書いていく
要約文
12
1
11
2
10
『本の題名』
作者名
3
9
4
繰り返し出てくる言葉
1～4個
要約文
8
5
7
6
要約文
要約文
※時計回りに書いていく

それでは、実際の説明文を使って、要約してみよう。
まず、次の文章を読んでみてね。

海べの人びとにとって、塩からい味はごくふつうだったことでしょう。海水や潮だまりにできた塩から、塩味もおぼえます。土器を使って、魚や貝をにて食べようとすれば、海水ならにつめるほどに塩からくなります。からからになるまで熱してしまったときは、土器の内がわに、白い塩もついたと思います。それは、海水をにつめれば塩がとれるという発見になります。

こうして、塩味をおぼえた人びとは、そのおいしさから、すすんで塩を使うようになりましたが、塩味の習慣は、じつはもっと大切なことを人びとに教えてくれました。

それは、塩で濃い味つけをしておくと、生の魚や貝が、くさりにくくなることです。みなさんもよく知っている「塩づけ」のはじまりです。その日その日の食物をとらなくてはいけない縄文時代の人びとにとって、きょうとれた魚が、いく日か保存できることは、それはたいへんな助けとなります。

もちろん、塩づけの方法は、鳥やけものの肉にも応用されたことでしょう。山に住む人びとも、塩づけの方法をきけば、塩がほしくなります。とうぜん、山の人びとは山でとれる食物を持って、海べの人びとの塩と交換しようとすることでしょう。

たくさんの塩が必要となってきました。これまでは、家族が使うだけの量があればよかったのです。土器に海水を入れて、料理のときにいっしょにつめるくらいでも、まにあいました。しかし、物ぶつ交換のための塩となると、もっとたくさんの塩がとれなくてはなりません。

（大竹三郎『塩づくりとくらし』）

STEP 1 用紙の真ん中に横線を引いた丸を描き、上段に「本の題名」「作者名」を書く

まずＡ４～Ａ３の白紙を用意しよう。マッピングは横に長くなるから、ノートも横向きにしたほうが書きやすい。Ａ４ノートを左右見開き２ページで使ってもいいね。

そして、用紙の真ん中に横線を引いた円を描いて、上段に「本の題名」「作者名」を書こう。

ここまでは、物語文の場合と同じだね。

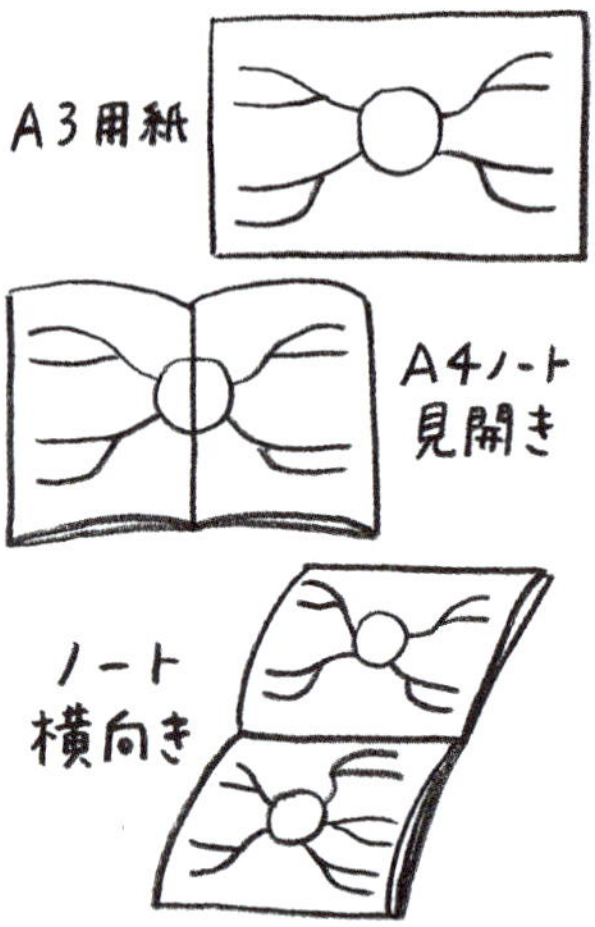

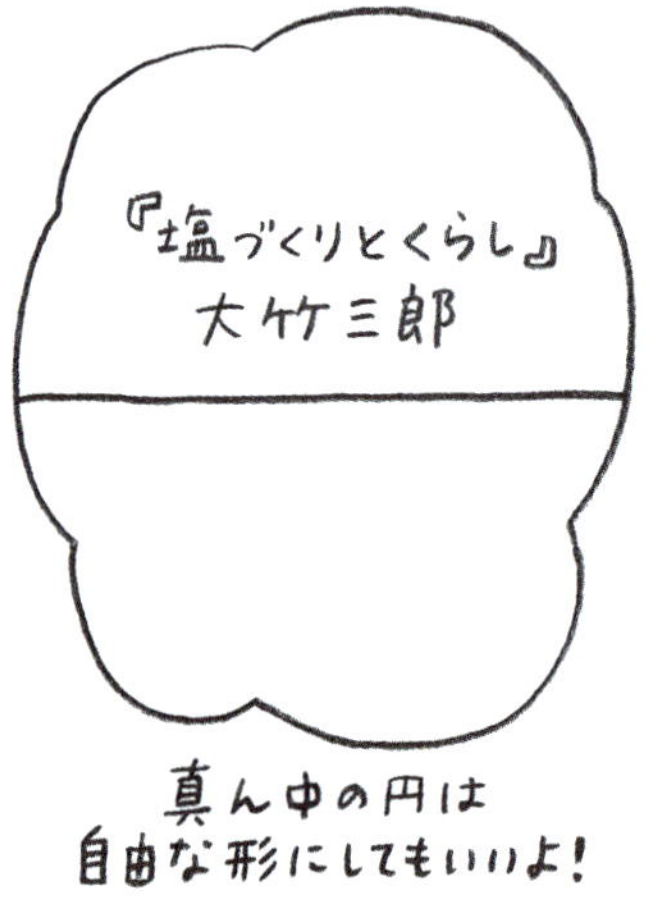

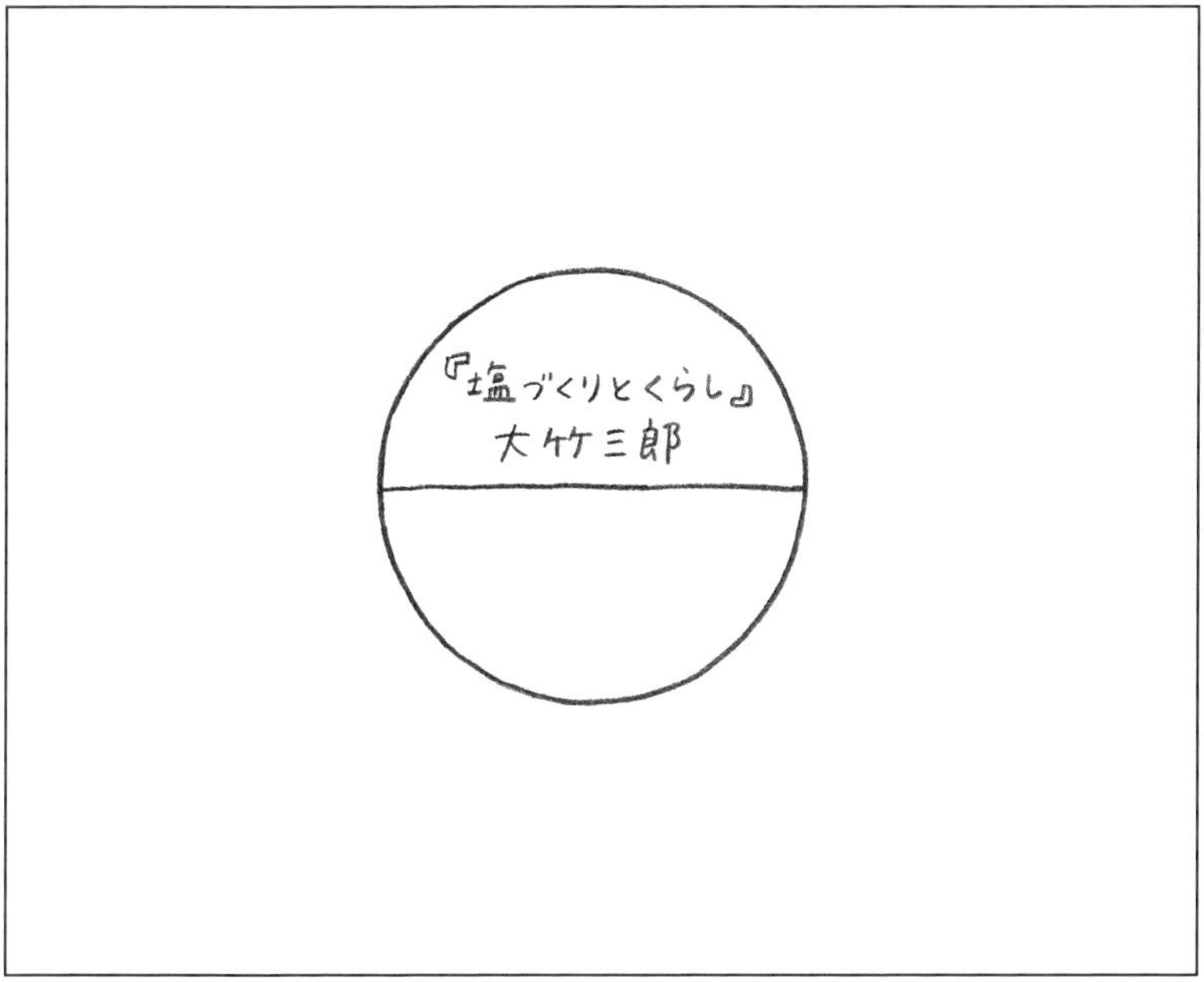
『塩づくりとくらし』
大竹三郎

STEP 2 段落ごとに番号を振ってよく使われる言葉からテーマを探す

説明文は、何について書かれているかテーマがわかったうえで文章を読むと、内容を理解しやすくなるよ。テーマというのは、筆者が作品を通して言いたいことなんだ。

たとえば、『ドラえもんのび太と緑の巨人伝』という映画があるんだけど、テーマは環境問題やエコロジーの話を通して「大切なものをどうやって守るか」なんだ。これをみんなに伝えたくて、お話をつくったんだね。どんなことがテーマなのかわかったうえで映画を見ると、より深く考えさせられることが多いんじゃないかな。

話をもとに戻すけれど、**説明文の「テーマ」を探すには、文章中に繰り返し出てくる言葉を見つけること。**筆者にとって一番伝えたいことだから、何度も出てくるんだ。

では、実際に読みながら、繰り返し出てくる言葉を見つけてみよう。

1 海べの人びとにとって、塩からい味はごくふつうだったことでしょう。海水や潮だまりにできた塩から、塩味もおぼえます。土器を使って、魚や貝をにて食べようとすれば、海水ならにつめるほどに塩からくなります。からからになるまで熱してしまったときは、土器の内がわに、白い塩もついたと思います。それは、海水をにつめれば塩がとれるという発見になります。

2 こうして、塩味をおぼえた人びとは、そのおいしさから、すすんで塩を使うようになりましたが、塩味の習慣は、じつはもっと大切なことを人びとに教えてくれました。

3 それは、塩で濃い味つけをしておくと、生の魚や貝が、くさりにくくなることです。みなさんもよく知っている「塩づけ」のはじまりです。その日その日の食物をとらなくてはいけない縄文時代の人びとにとって、きょうとれた魚が、いく日か保存できることは、それはたいへんな助けとなります。

4 もちろん、塩づけの方法は、鳥やけものの肉にも応用されたことでしょう。山に住む人びとも、塩づけの方法をきけば、塩がほしくなります。とうぜん、山の人びとは山でとれる食物を持って、海べの人びとの塩と交換しようとすることでしょう。

5 たくさんの塩が必要となってきました。これまでは、家族が使うだけの量があればよかったのです。土器に海水を入れて、料理のときにいっしょにつめるくらいでも、まにあいました。しかし、物ぶつ交換のための塩となると、もっとたくさんの塩がとれなくてはなりません。

（大竹三郎『塩づくりとくらし』）

《テーマの探し方とマッピングの書き方》

❶文章を読みながら、形式段落に１から順番に番号を振る

❷読みながら、何度も繰り返し出てくる言葉を丸で囲む

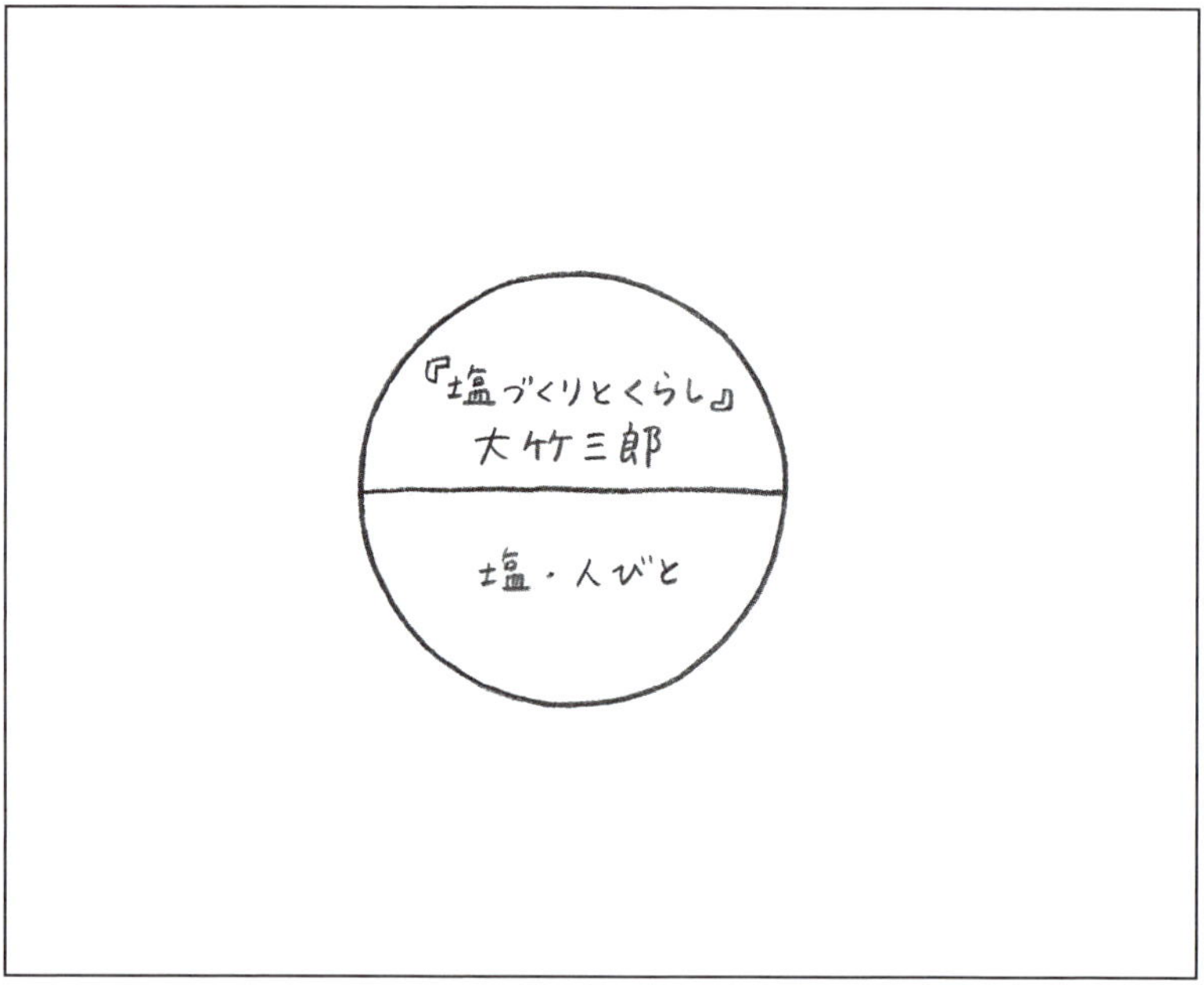

❸丸で囲んだ言葉のうち、とくに多い言葉をマッピングの真ん中の円の下段に書く

１つの文章問題で、１～４個くらいの言葉を書くのが◎。「○○についての文章かな？」と思えるようだったらＯＫだよ。

繰り返し出てくる言葉は見つけたかな？　この説明文の場合、文中に「塩」「人びと」という言葉がたくさん出ているね。

ということは、これは「塩と人びとについて」書かれているということがわかるんだよ。

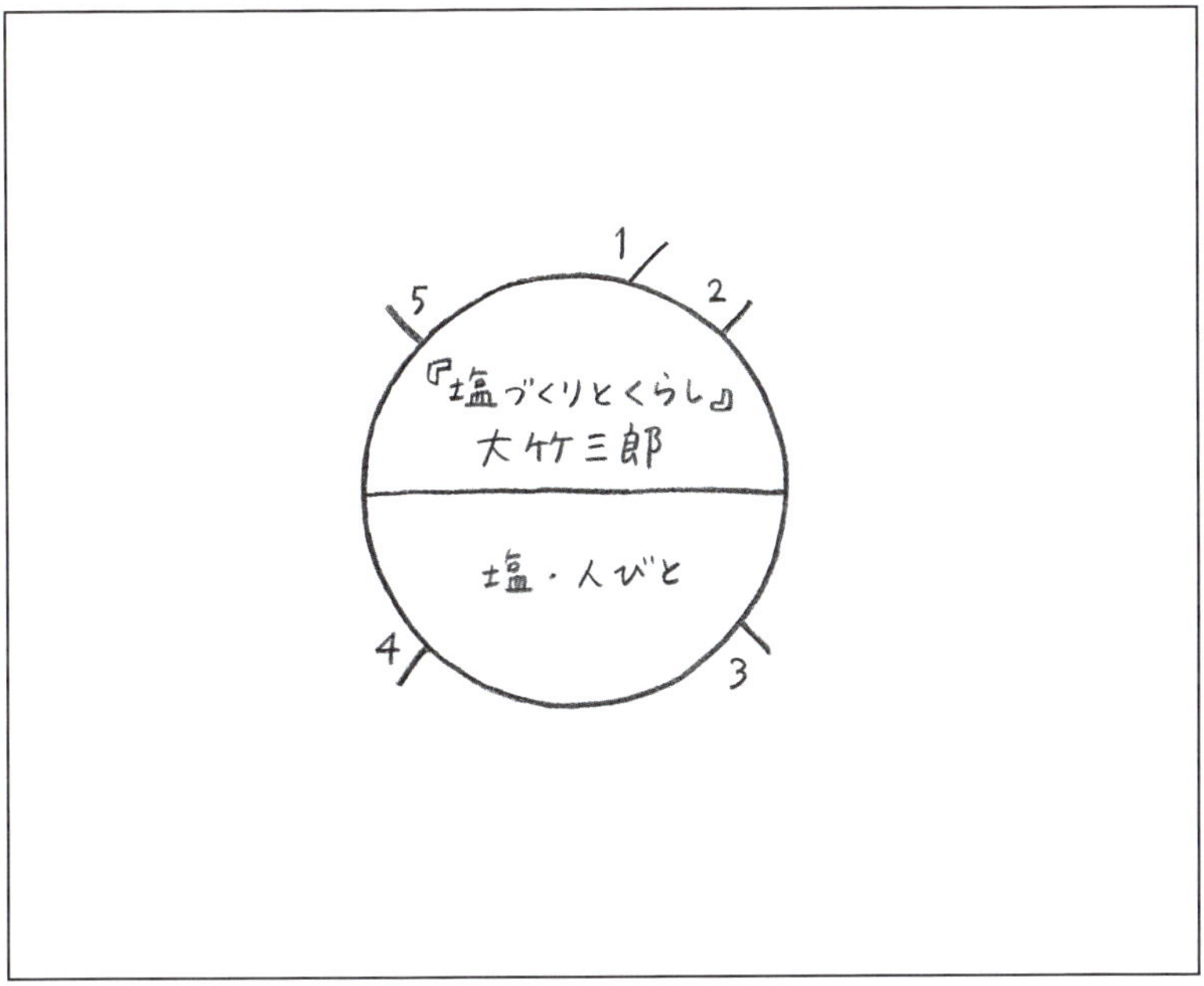

❹形式段落の番号をマッピングに書いていく

今回の文章は５段落だから、真ん中の円から線を５本引いて、右上から時計回りに番号を書こう。形式段落が多ければ、モジャモジャの線だらけになるよ。

おかあさまへ

ふだんから
頻出テーマの話をしておく

説明文でよく出てくる「テーマ」がいくつかあります。これらのテーマの話をふだんから子どもとしておけば、難しい説明文を読んでも、「きっと、こんな話かな？」と想像しやすくなります。

たとえば「語彙の貧困」というテーマなら、「言葉をたくさん知らないと、ほかの人が言っている意味がよくわからないってことだね。そうすると、どんなことが起こると思う？」などと、わかる範囲でいいので、日頃からお子さんと話をしておくといいですね。

中学受験や試験でよく出題される説明文のテーマ

文明・文化

- 文化習慣 → 文化とは・〇〇の文化・文化の比較
- 文明進歩 → 進歩・批判

言語・コミュニケーション

- 危機 → 挨拶・語彙の貧困・仲間うちの言葉
- 言語 → 日本語の特徴・敬語
- コミュニケーションのやり方
  → 身振り・日本人のコミュニケーションの仕方

自然・環境

- 畏敬・感動
- 保全・保護
- 生態系 → 動植物・生物多様性

考え方・思考

- 真理・心理

社会問題・時事問題

- 戦争・平和
- AI問題・人口問題

STEP 3 段落ごとに「まとめ文」を探す

形式段落の中から、筆者が一番伝えたいこと、言いたいことをまとめて書いてある文を探してみよう。

1つひとつの段落には、筆者が「○○について書きますよ」「□□について、私はこう思います」という書き方がされているまとめ文があるんだ。そんなふうに書かれている文章を探してみよう。

それ以外の文では、まとめ文について具体的な例をあげて詳しく説明しているよ。

早くまとめ文を見つけるコツは、接続詞に注目すること。

「つまり」「したがって」は、この後にこれまでの話をまとめるときに使うもの。**「つまり」「したがって」の後の文に注目しよう！**

また、「しかし」「が」の後に続く文では、前の文を否定しているよ。筆者は前と後ろのどちらの文を言いたかったのかな？　後ろの文だよね。「しかし」や「が」があったら、この後の文に注目しよう！

それでは、『塩づくりとくらし』の文章で練習してみよう。

「まとめ文」探しのときは、この接続詞は要チェック！

「つまり」「したがって」

これまでの話をまとめたいときに使うので
後の文に注目!!

「しかし」「が」

前の文を否定して、筆者の言いたいことを
主張するときに使うので、後の続く文に注目!!

《説明文の要約ノートの書き方》

❶それぞれの形式段落の中で、まとめが書いてある文を探す

1段落：海べの人びとにとって、塩からい味はごくふつうだった
2段落：塩味の習慣は、もっと大切なことを人びとに教えてくれた
3段落：塩で濃い味つけをしておくと、生の魚や貝がくさりにくくなる
4段落：山の人びとは山でとれる食物を持って、海べの人びとの塩と交換しようとする
5段落：物ぶつ交換のための塩となると、もっとたくさんの塩がとれなくてはならない

❷それをマッピングに右上から時計回りに一文ずつ書いていく

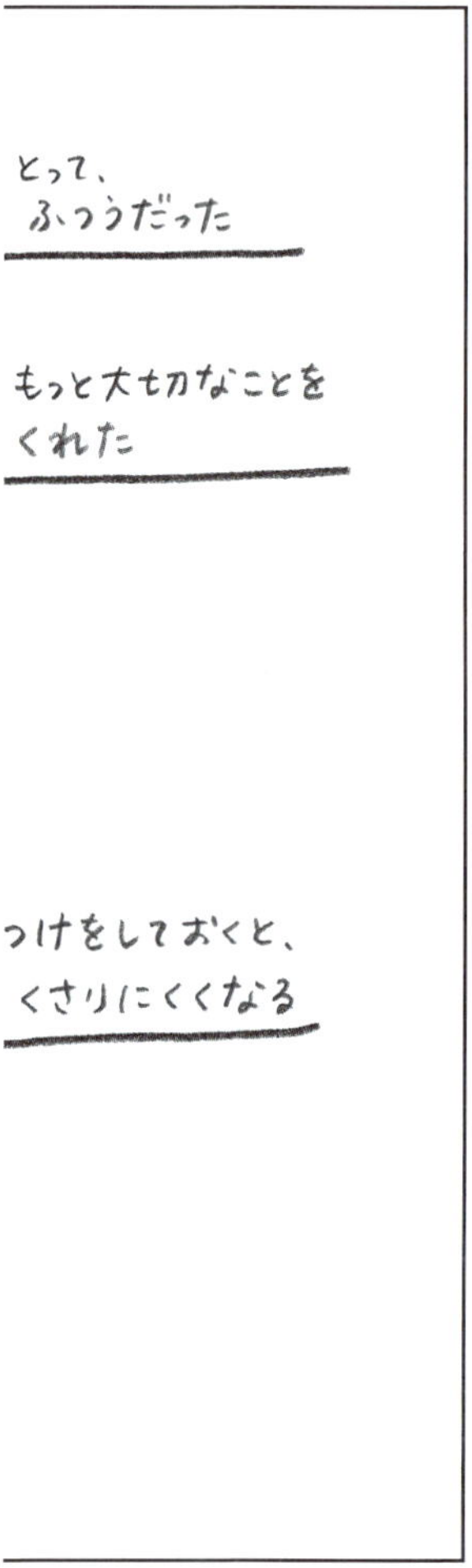
とって、
ふつうだった
もっと大切なことを
くれた
つけをしておくと、
くさりにくくなる

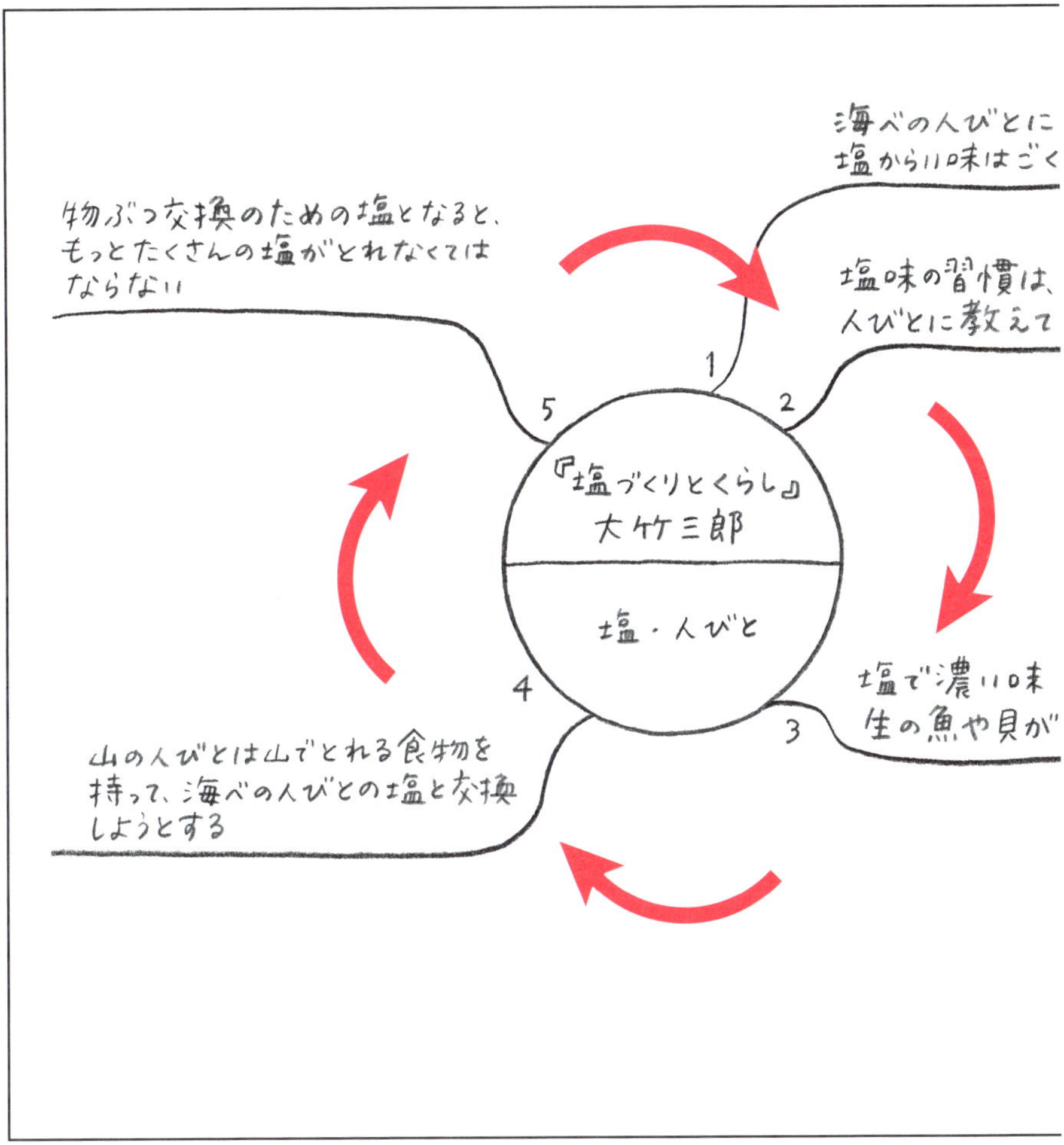

『塩づくりとくらし』
大竹三郎
塩・人びと
1
海べの人びとに
塩から い味はごく
2
塩味の習慣は、
人びとに教えて
3
塩で濃い味
生の魚や貝が
4
山の人びとは山でとれる食物を
持って、海べの人びとの塩と交換
しようとする
5
物ぶつ交換のための塩となると、
もっとたくさんの塩がとれなくては
ならない

STEP 4
マッピングのまとめ文に目を通し、「テーマ」について筆者が伝えたいことを読みとる

最後に、まとめた文を1段落から最後まで読んでみよう。読むときのポイントは、筆者が「テーマ」に対して、どのように考えて、何を言おうとしているのかを読みとること。そのために、いろいろな具体例で説明したりしているんだよ。

最初から最後まで通して読んでみると、話の流れがわかるから、読みにくかった説明文も、理解しやすく感じるよ。

海べの人びとにとって、塩からい味はごくふつうだった。塩味の習慣は、もっと大切なことを人びとに教えてくれた。塩で濃い味つけをしておくと、生の魚や貝がくさりにくくなる。山の人びとは山でとれる食物を持って、海べの人びとの塩と交換しようとする。物ぶつ交換のための塩となると、もっとたくさんの塩がとれなくてはならない。

正解かどうかは気にせず、「ここかな?」というところを抜き出してみてね。「抜き出してまとめた文が、なんとなくつながって読めたらOK」くらいに覚えておこう。

説明文の要約文だけをまとめたマッピング

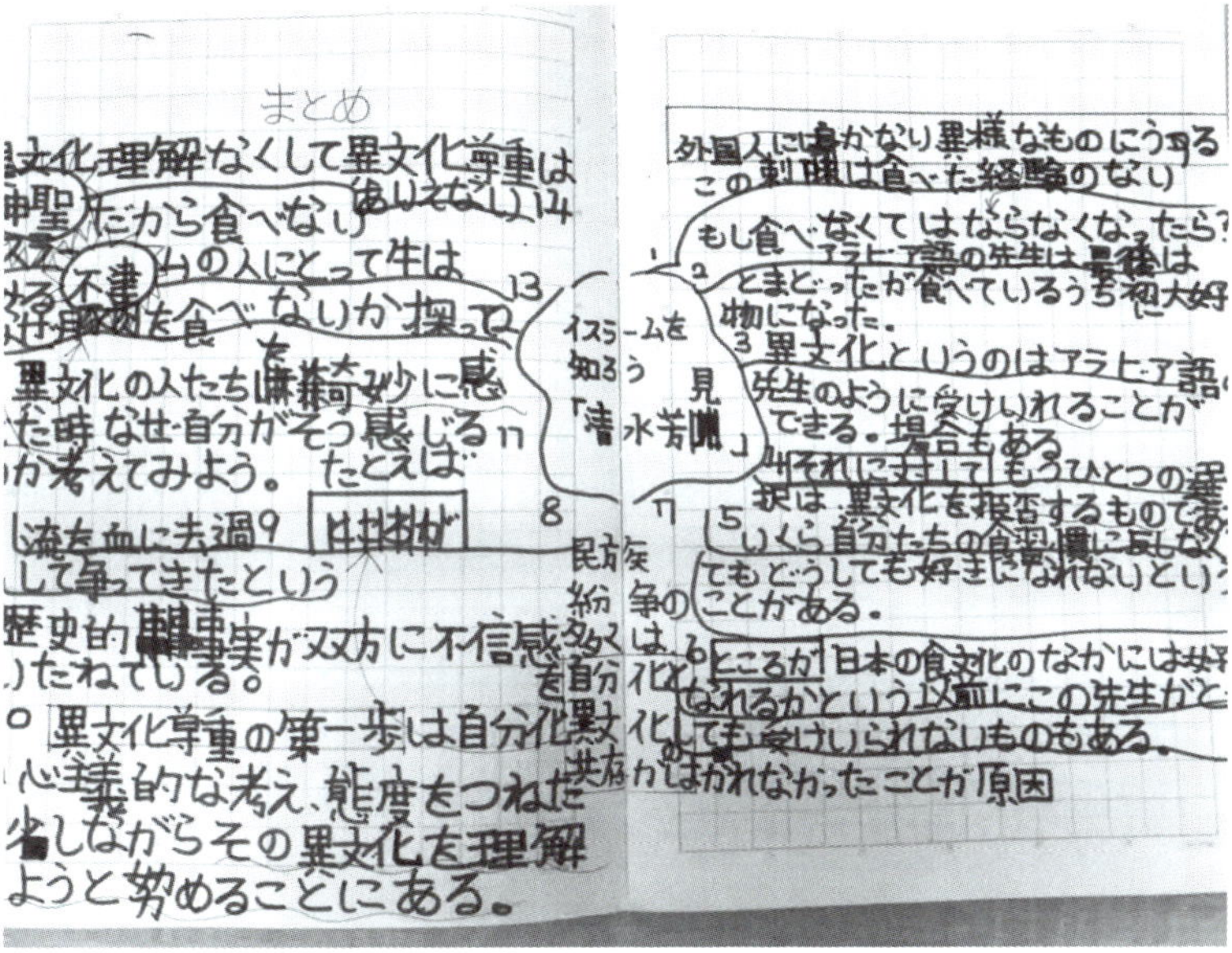

4章

社会・理科・算数も
スイスイ頭に入る
「マッピング」を覚えよう

お子さんにもお母さまにも
お読みいただきたい章です

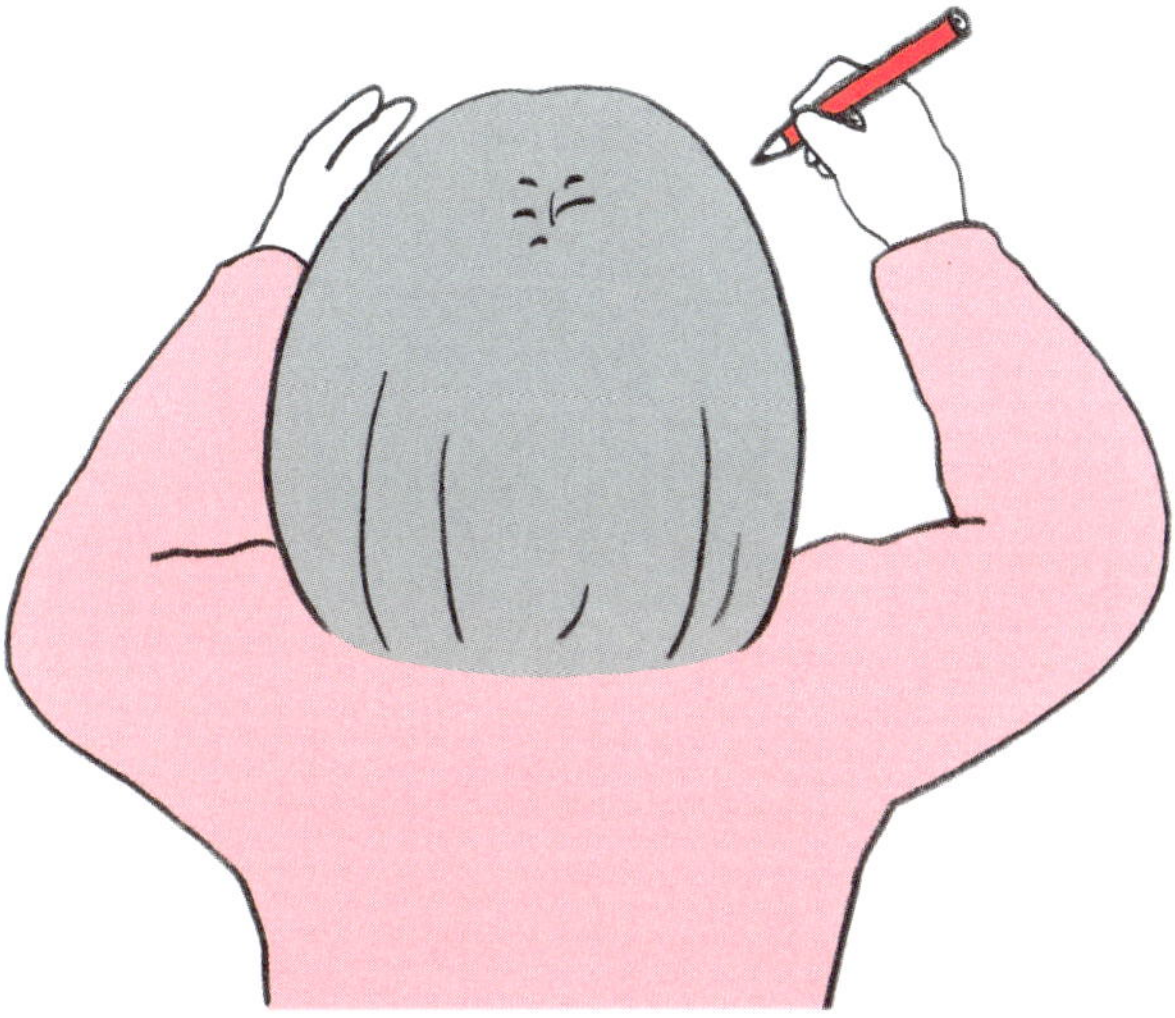

社会（歴史）――出来事や人物を単語で切り取る

マッピングで要約してスッキリまとめる

歴史が頭にスイスイ入るようになる秘訣があるんだよ。それはね、スッキリまとめること。

教科書に書いてある文章を、そのまま覚えるのは難しいよね。そんなとき、短くまとめる〝要約力〟が、ここでも役に立つんだ。

要約しながらまとめノートをつくると頭にスイスイ入るから、それぞれの教科ごとのマッピングのやり方を教えよう！

歴史を丸暗記しようとして「覚えられないよ～」と困ったことはないかな。似たような

まとめノートがあると頭にスイスイ入る！

出来事も多いし、どの時代のものだったか頭の中がゴチャゴチャしてくるよね。

歴史は、どうしてそんなことになったのか、時代の流れを読みながら整理すると覚えやすくなるよ。

江戸時代までは、その時代がどうやって始まったのか、どうやって終わったのかが書かれているんだ。ほかには、その時代ならではの文化や農民や武士、貴族のくらしが書かれているね。

だから、「人と出来事の流れ」「文化」でまとめたノートをつくってみよう。

まとめノートがないと頭がゴチャゴチャしてしまう

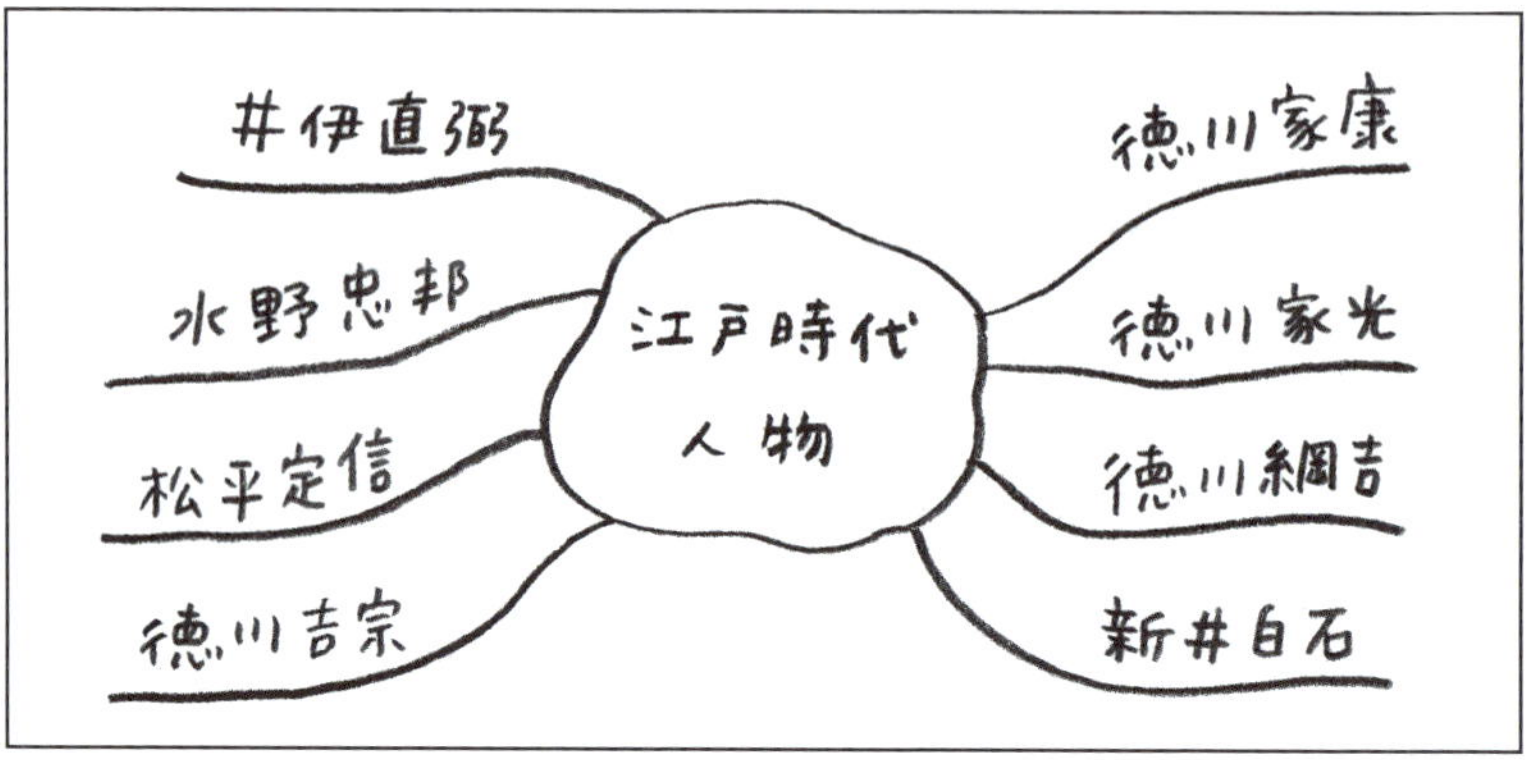

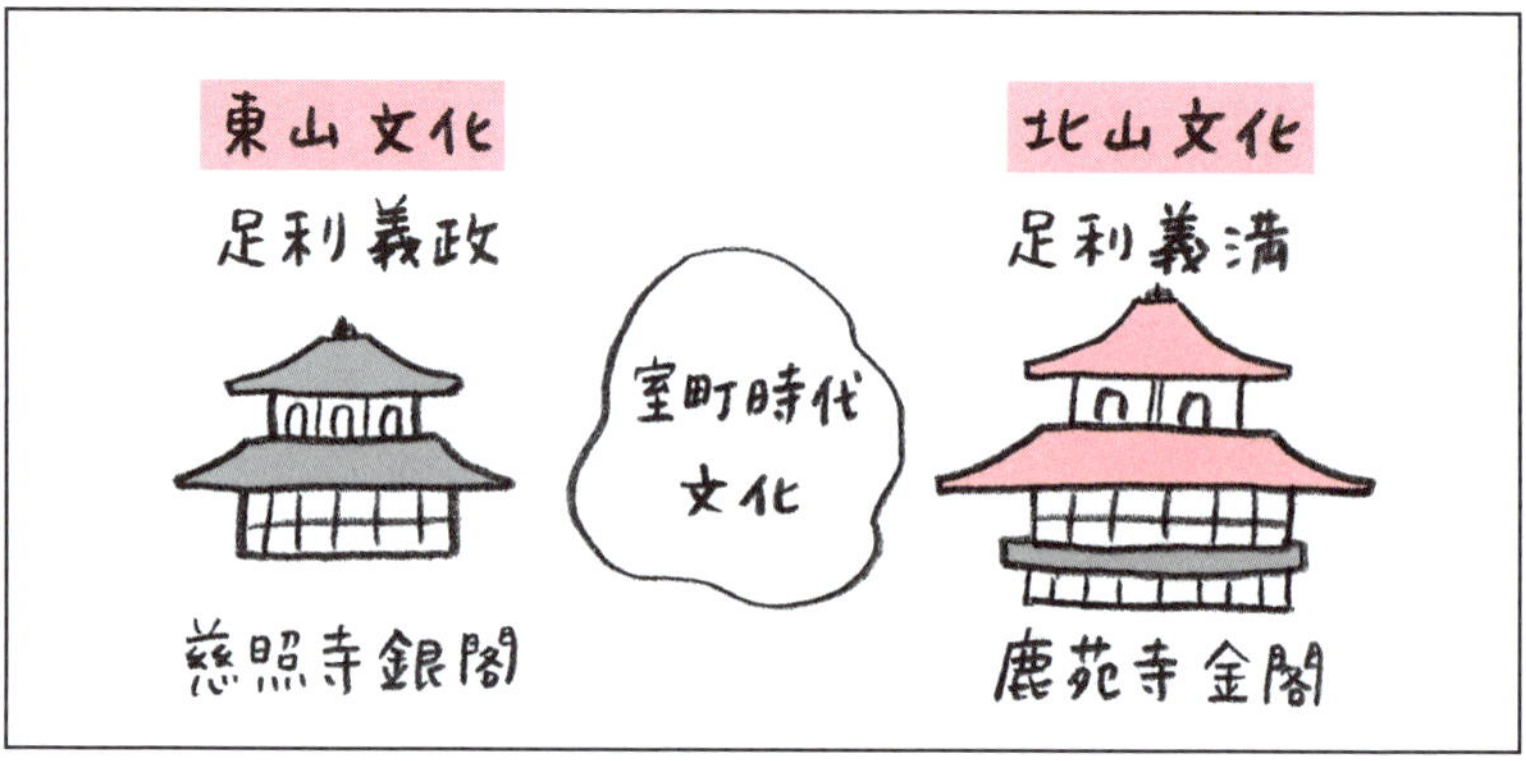

STEP 1 時代ごとにまとめる

1つの時代を大きく分けると、「流れ（成立〜終了）」「文化」「農民や武士、貴族のくらし」となる。

それぞれをまとめていくのもいいし、ほかにも「政治の中心人物（江戸時代）（明治〜平成）」での分け方もあるね。

単元ごとに、自分で考えて分け方を決めてもいいけど、**まずは教科書の小テーマ分けのとおりにまとめてみよう。**

Ａ４〜Ａ３の白紙かノートを使おう。次に、ノートの真ん中にまとめたい「時代名」を書こう。ここでは「鎌倉時代」でやってみるよ。

STEP 2 小テーマごとにまとめる

教科書の「小テーマ」1つにつき、1本線を引こう。

左図のように「鎌倉時代」「執権政治（北条氏）」などの小テーマごとに線を引いて、さらに枝分かれして出来事や名前（本や建物の名前など）などの単語を書いていくよ。

重要なのは、**文章ではなく覚えたい単語を書く**ということ。それぞれの時代の出来事や建物の名前を覚えるために、テストによく出る単語を選んで書こう。

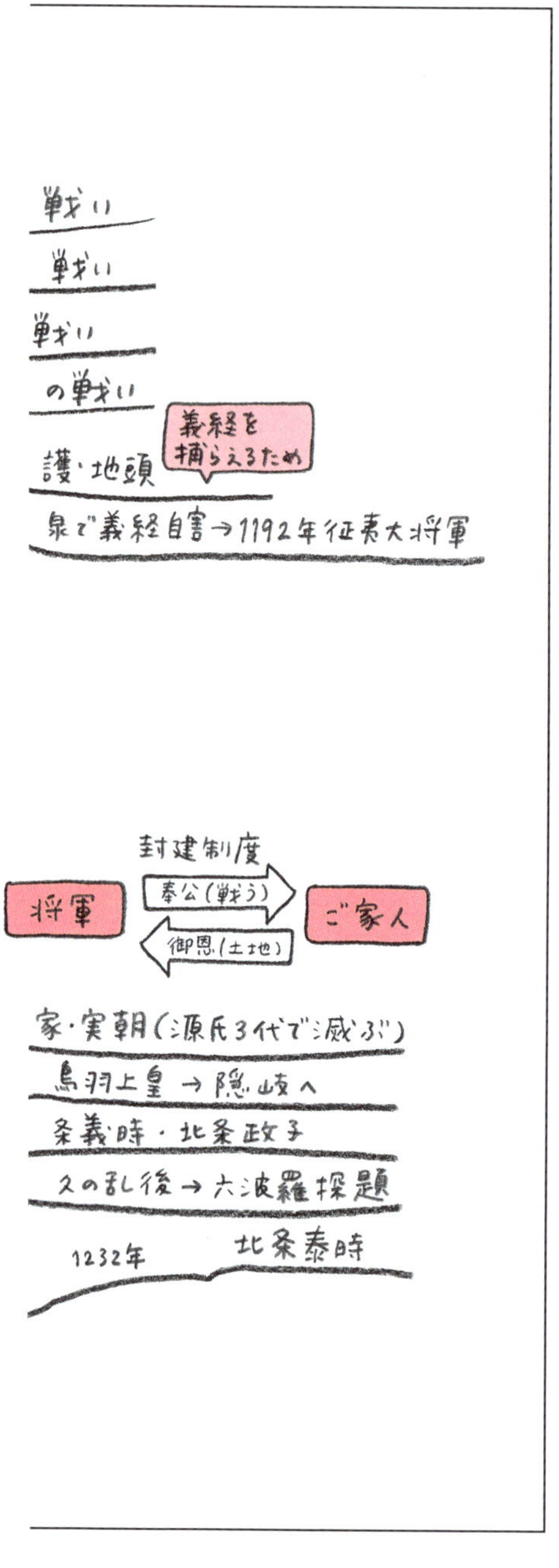

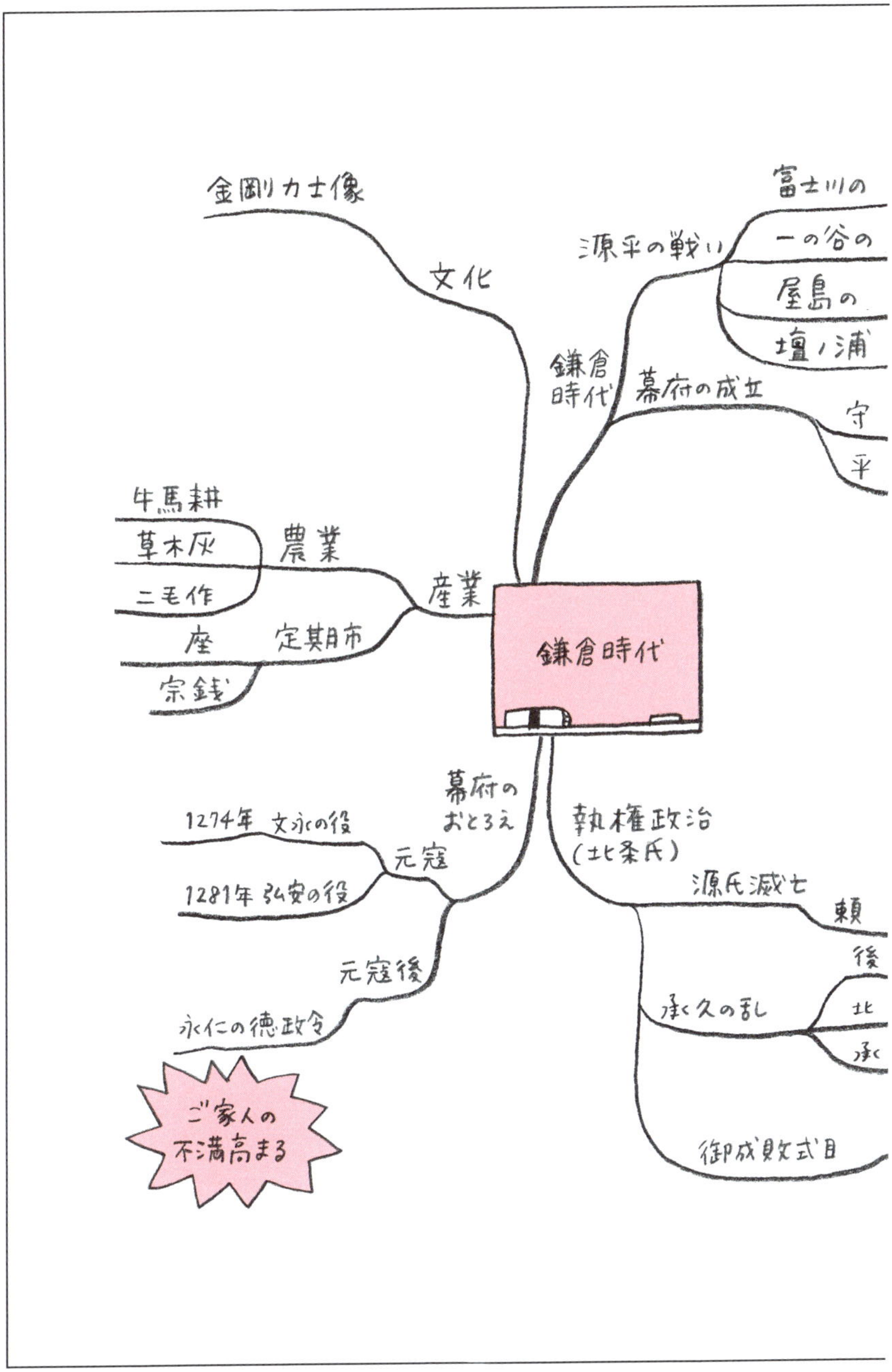
鎌倉時代
文化
金剛力士像
鎌倉時代
源平の戦い
富士川の
一の谷の
屋島の
壇ノ浦
幕府の成立
守
平
産業
農業
牛馬耕
草木灰
二毛作
定期市
座
宋銭
幕府のおとろえ
元寇
1274年 文永の役
1281年 弘安の役
元寇後
永仁の徳政令
ご家人の不満高まる
執権政治
(北条氏)
源氏滅亡
頼
承久の乱
後
北
承
御成敗式目

STEP 3 資料集からイラストをコピーして貼りつける

ステップ2で書いた出来事、本や建物の名前などにちなんだ資料や写真があれば、コピーしてどんどん貼りつけてみよう。覚えやすくなるよ。自分でイラストを描いてもいいよね。

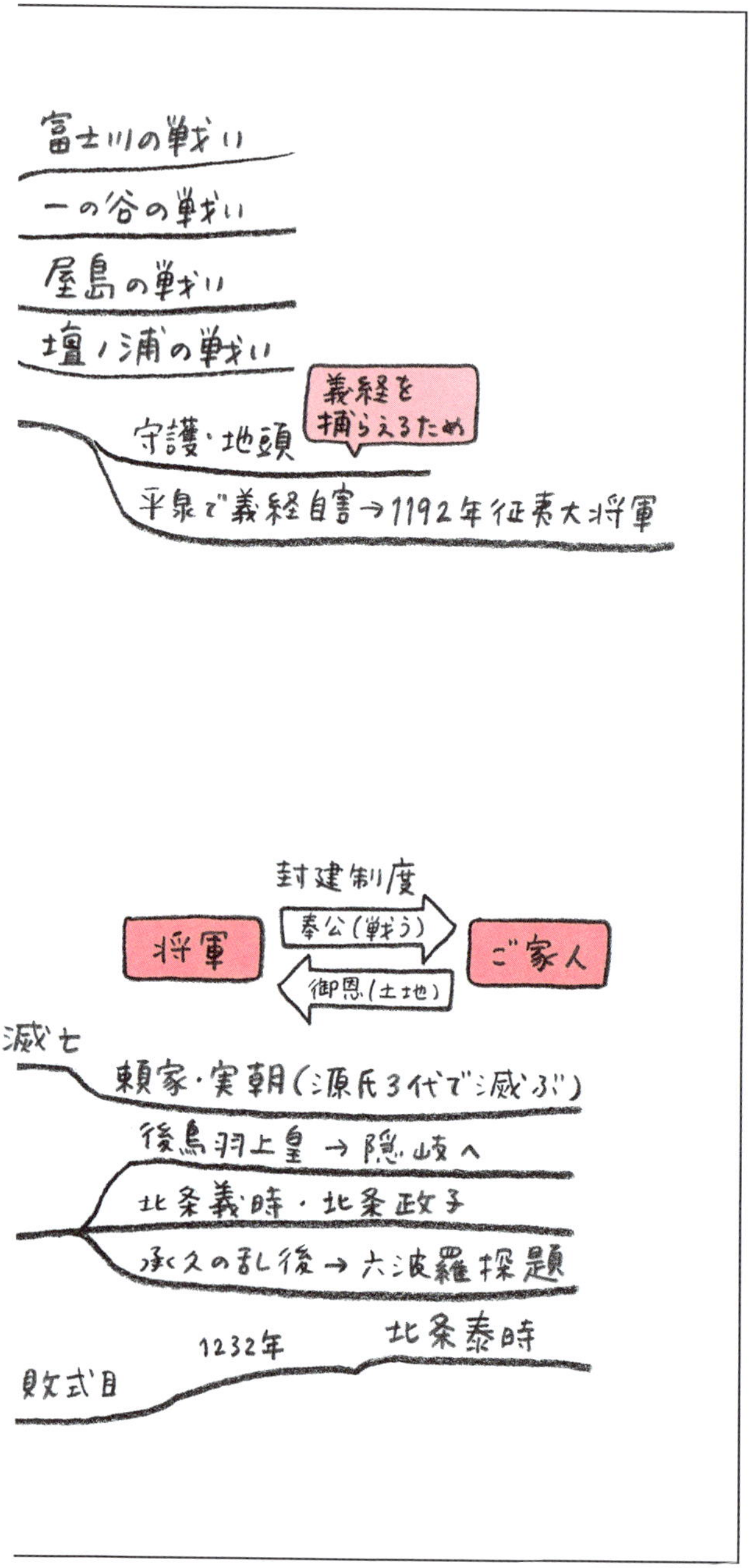

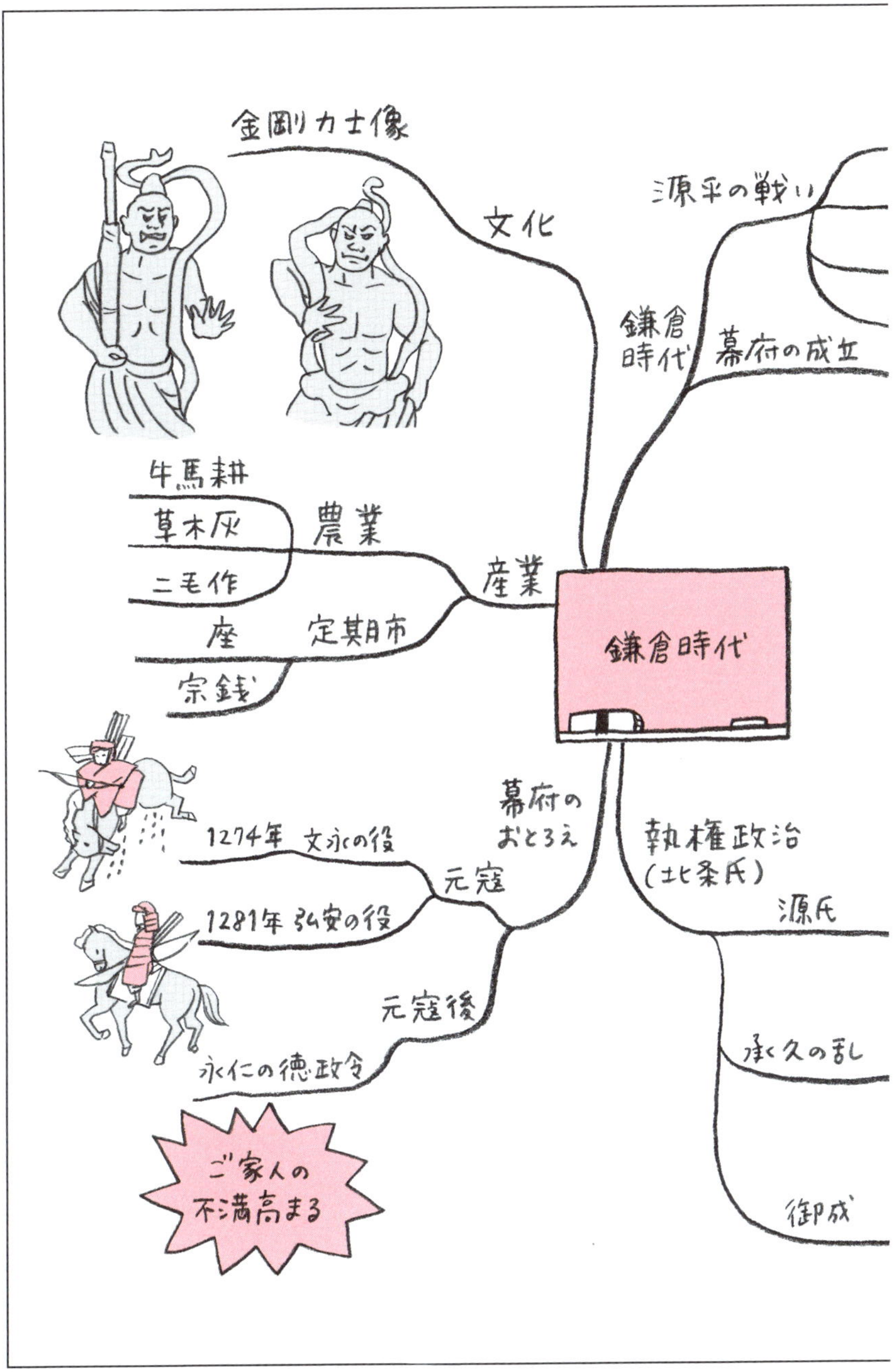
金剛力士像
文化
源平の戦い
鎌倉時代
幕府の成立
牛馬耕
草木灰
農業
二毛作
産業
座
定期市
宗銭
鎌倉時代
幕府のおとろえ
1274年 文永の役
元寇
1281年 弘安の役
元寇後
永仁の徳政令
ご家人の不満高まる
執権政治
(北条氏)
源氏
承久の乱
御成

時代ごとの流れを出来事順に書いたマッピング

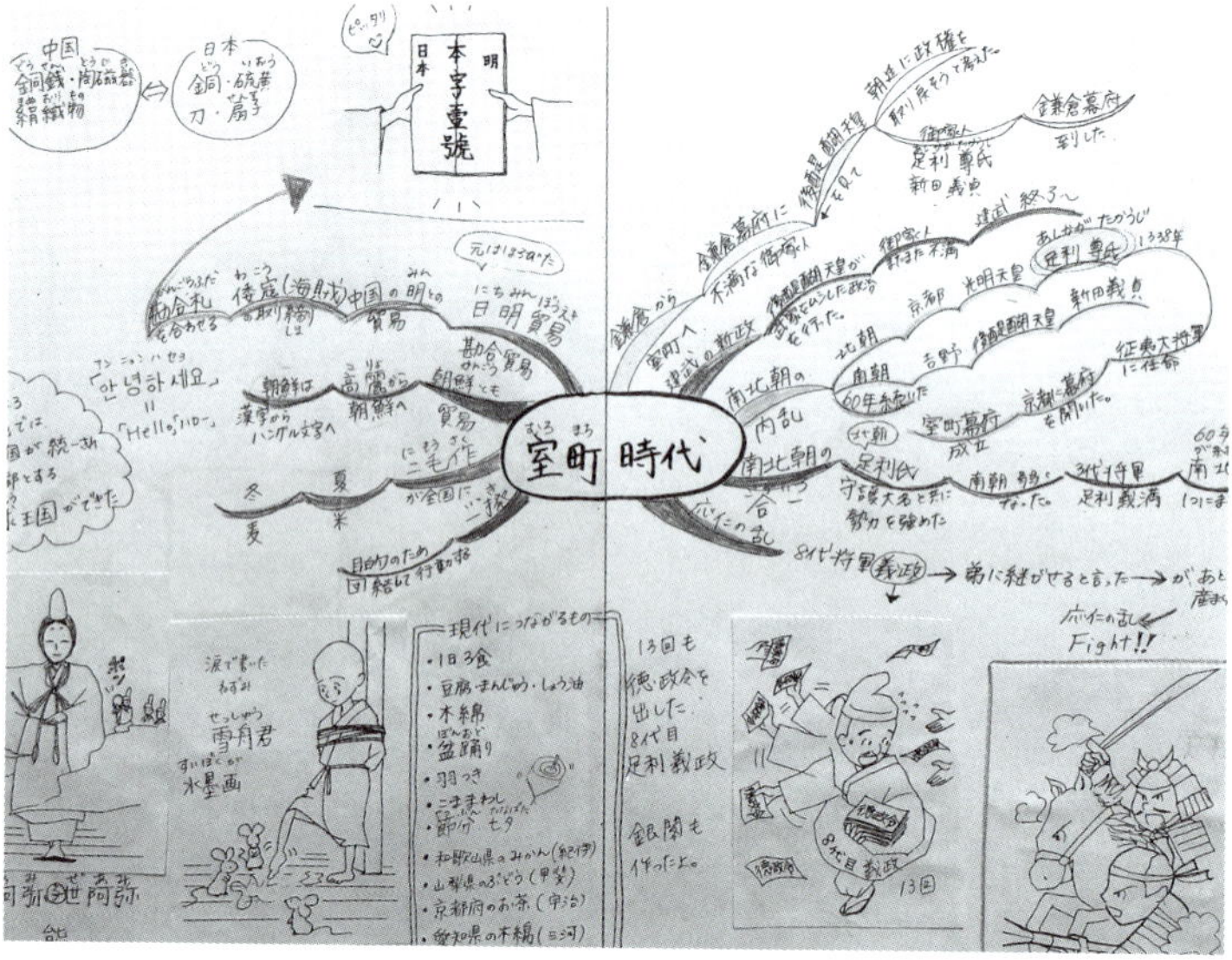

資料をコピーして貼りつけたマッピング

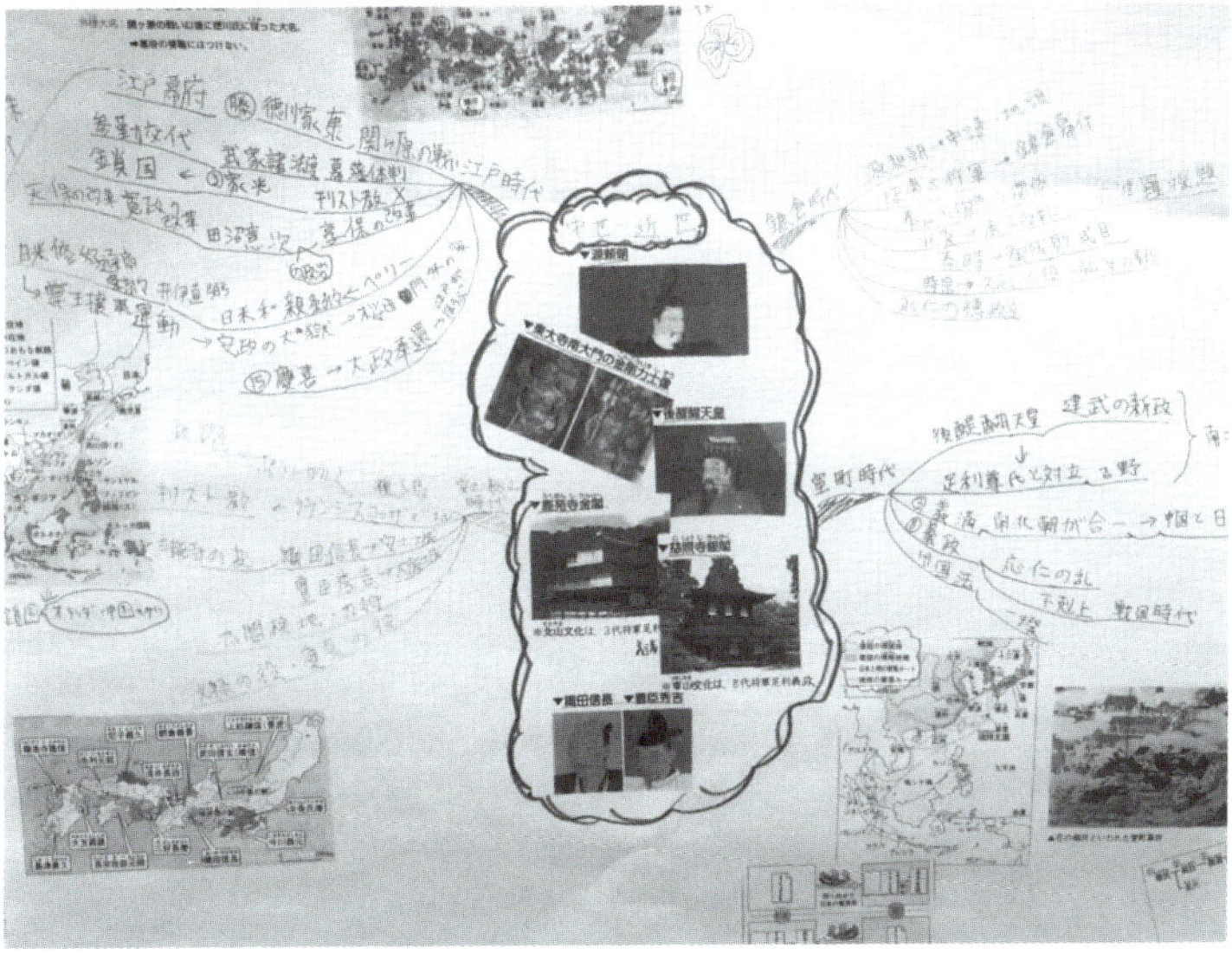

イラスト中心で出来事や名前を覚えてもOK！

マッピングは、その時代の出来事や建物などのイラストを描くだけでも、ずいぶんと覚えられるよ。「文字より、イラストのほうがやる気も上がって楽しくできる！」という場合は、この方法がオススメ。

イラストをコピーして色を塗って貼りつけて、その名前を書くだけでも頭に入るんだ。自分に合った方法を見つけていこうね。

時代の出来事をイラストで書いたマッピング

社会（地理）――地方別で地形・気候・特徴をまとめる

地理で押さえておきたいポイントは、全部で次の3つだよ。

- ポイント1：地形
- ポイント2：気候
- ポイント3：産業（農林水産業、工業）

地形と一緒に、その地方の特徴（農林水産業、工業など）を覚えたほうが記憶しやすいんだ。白地図にどんどん書き込んで、まとめノートをつくってしまおう。

STEP 1 地方別の白地図を描く

A4～A3の白紙を横長で使うよ。A4ノートを左右見開き2ページで使ってもいいね。

次に、白地図の上に白紙を透かせて地図を書き写そう。白地図を見ながら描き写してもいいし、描くのが苦手なら、白地図をプリントしてノートの真ん中に貼りつけてもいいよ。

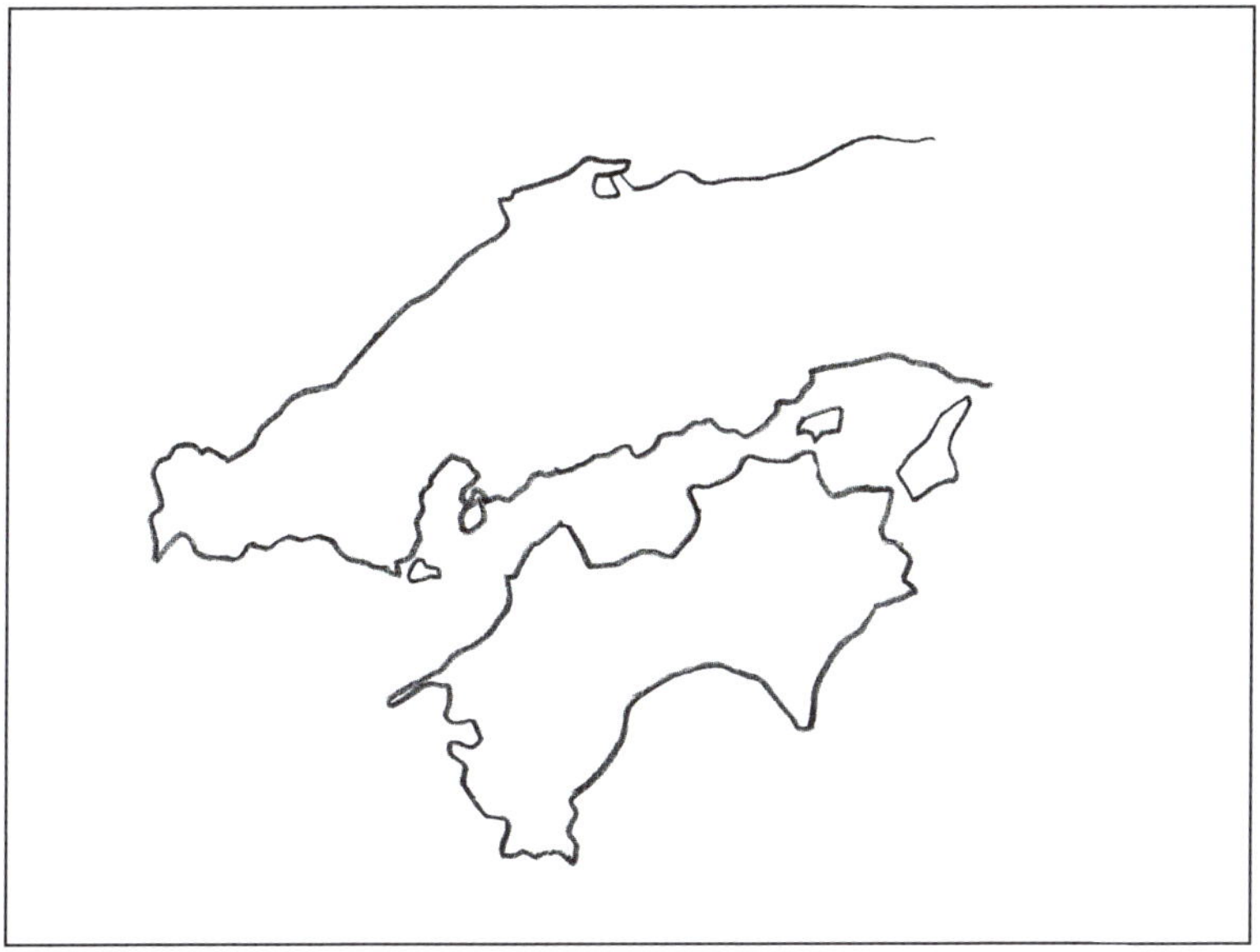

白紙やノートに白地図を描こう

STEP 2 地形や気候の特徴を白地図の中に書き入れる

ステップ1で書いた白地図に、主な山、川、平野を書き入れ、地域の雨温図《うおんず》や気候の特徴を短くまとめよう。**長い文章は覚えにくいので重要な部分を選び、できるだけ短い言葉にまとめるのがコツ**だよ。

たとえば、次の文章から重要単語を抜き出すとどうなるかな？

瀬戸内気候…南を四国山地、北を中国山地に挟まれているため、1年を通して降水量が少なくなります。このような気候では干害が発生しやすいため、以前はため池をつくり水不足に備えていました。現在は香川用水がつくられ、吉野川から水をひいています。ため池は、いまでも多く残っています。この気候の特徴は1年を通して降水量が少なく、晴れの日が多いことです。

←

・降水量↓少ない／晴れ↓多い
・干害が発生…ため池／吉野川↓香川用水

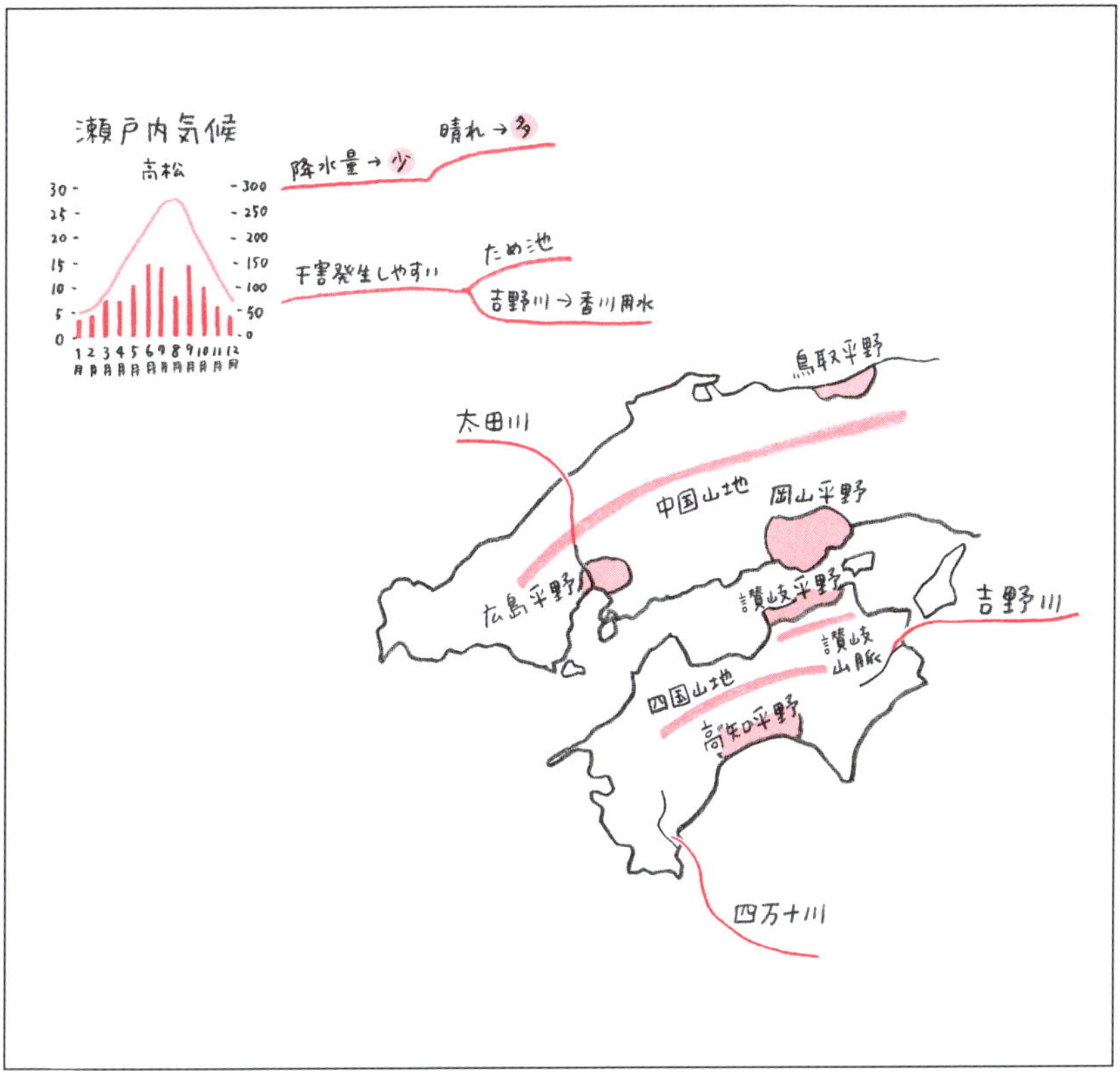

これをマッピングに書いたのが、雨温図右横の単語。長い文章より、パッと見たとき、目に飛び込んでくるし、覚えやすいよね。

STEP 3 工業、農林水産業を白地図に色分けしながら書く

白地図から線を引き、工業、農業、林業、水産業をそれぞれ分かりやすいように色分けして書こう。こちらもテキストに書いてある内容を、できるだけ短く重要な単語にして書くといいよ。

では、具体的に工業、農林水産業を白地図に色分けしながら書いてみよう！

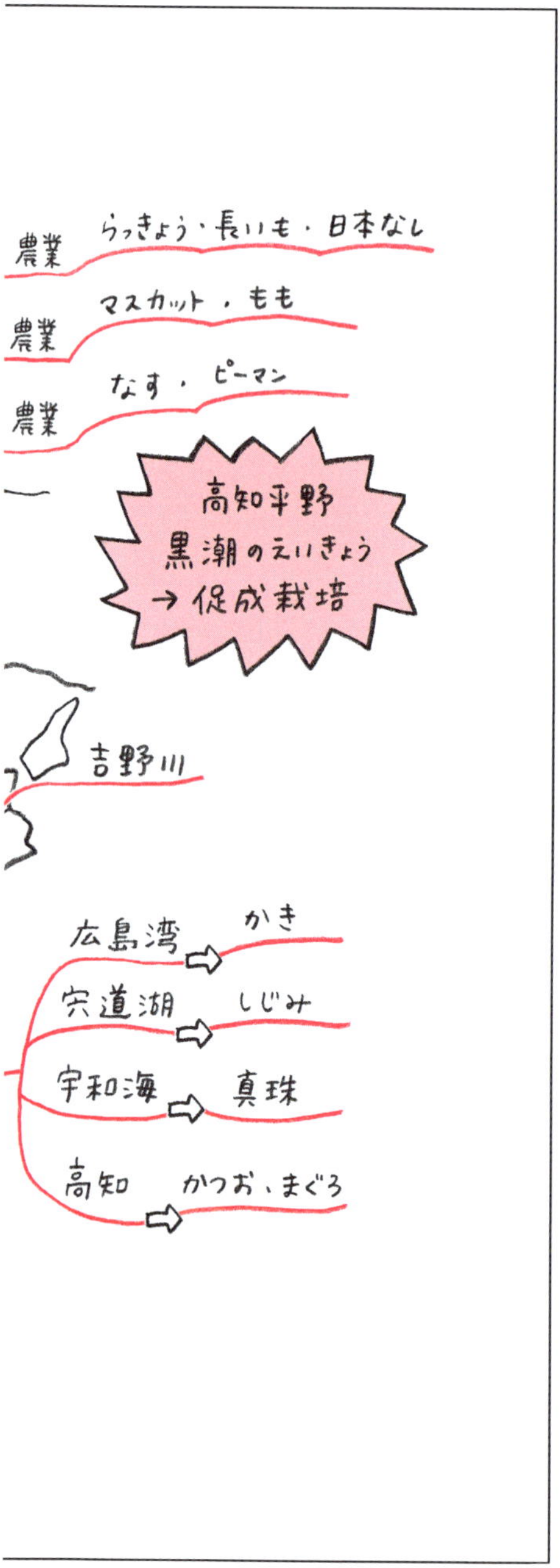

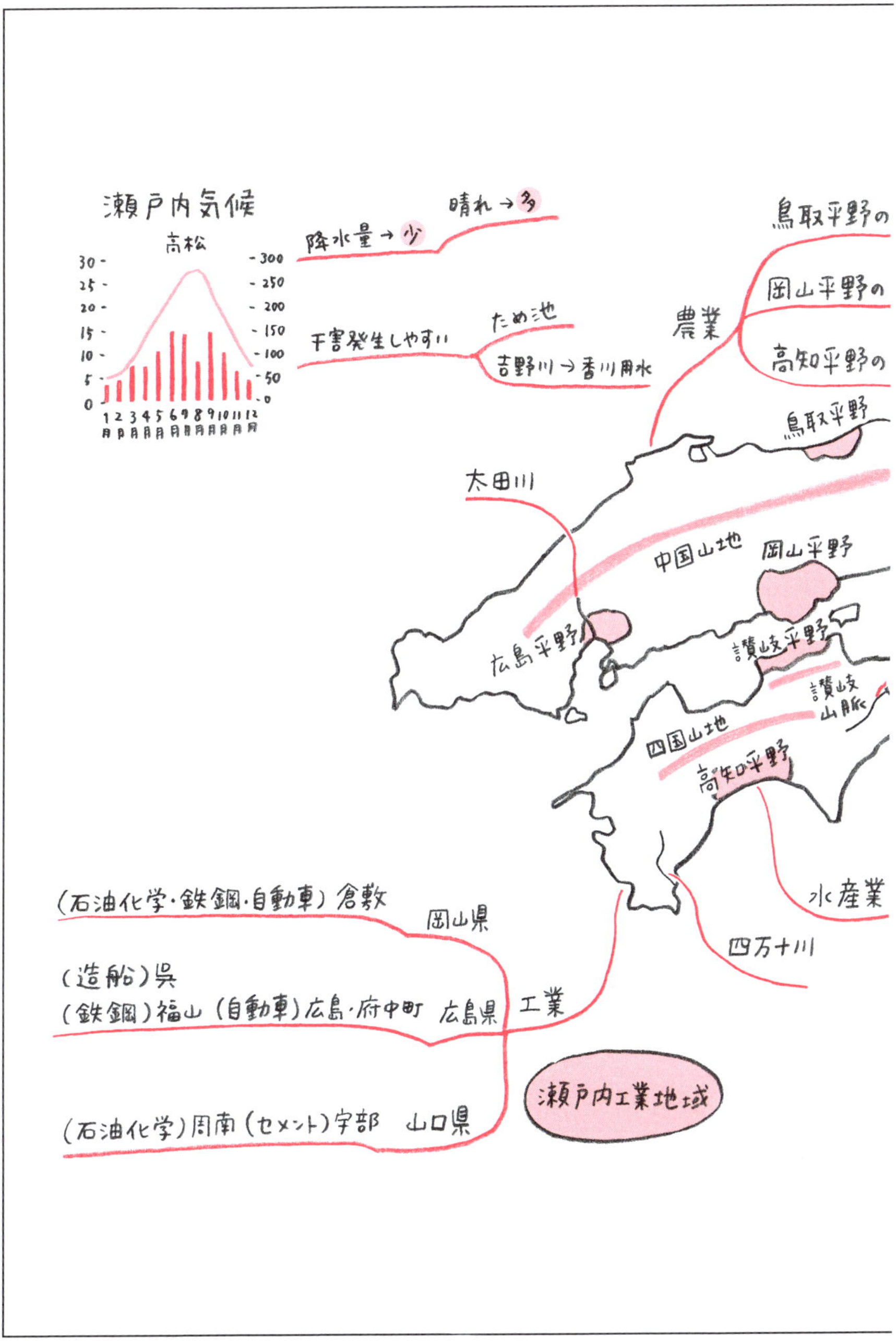
瀬戸内気候
高松
降水量→少
晴れ→多
干害発生しやすい
ため池
吉野川→香川用水
農業
鳥取平野の
岡山平野の
高知平野の
鳥取平野
太田川
中国山地
岡山平野
広島平野
讃岐平野
讃岐山脈
四国山地
高知平野
水産業
四万十川
(石油化学・鉄鋼・自動車) 倉敷
岡山県
(造船)呉
(鉄鋼)福山 (自動車)広島・府中町 広島県
工業
(石油化学)周南 (セメント)宇部 山口県
瀬戸内工業地域

STEP 4
地域特有のトピックを書き足していく

その地域特有のトピックがあれば、白地図の空いているスペースに書き足していこう。

お祭りや工芸品など、何でもいいよ。
たとえば徳島県なら阿波踊り、高知県なら土佐和紙、香川県なら丸亀うちわ、などだね。

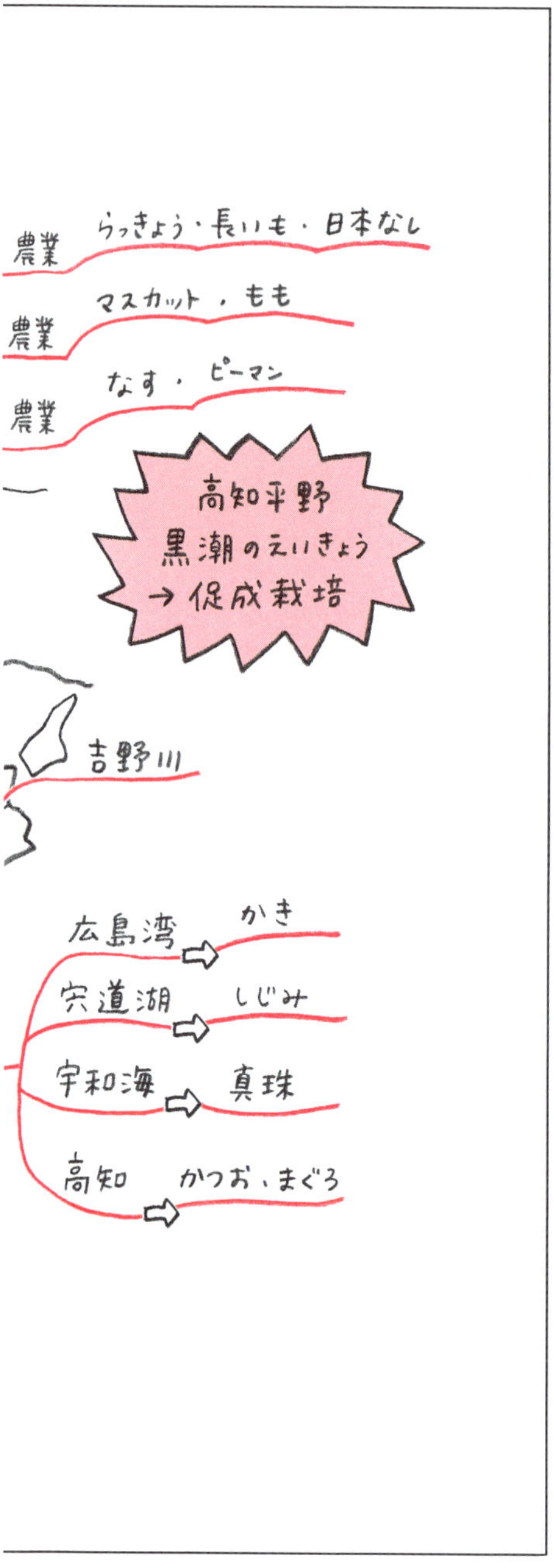

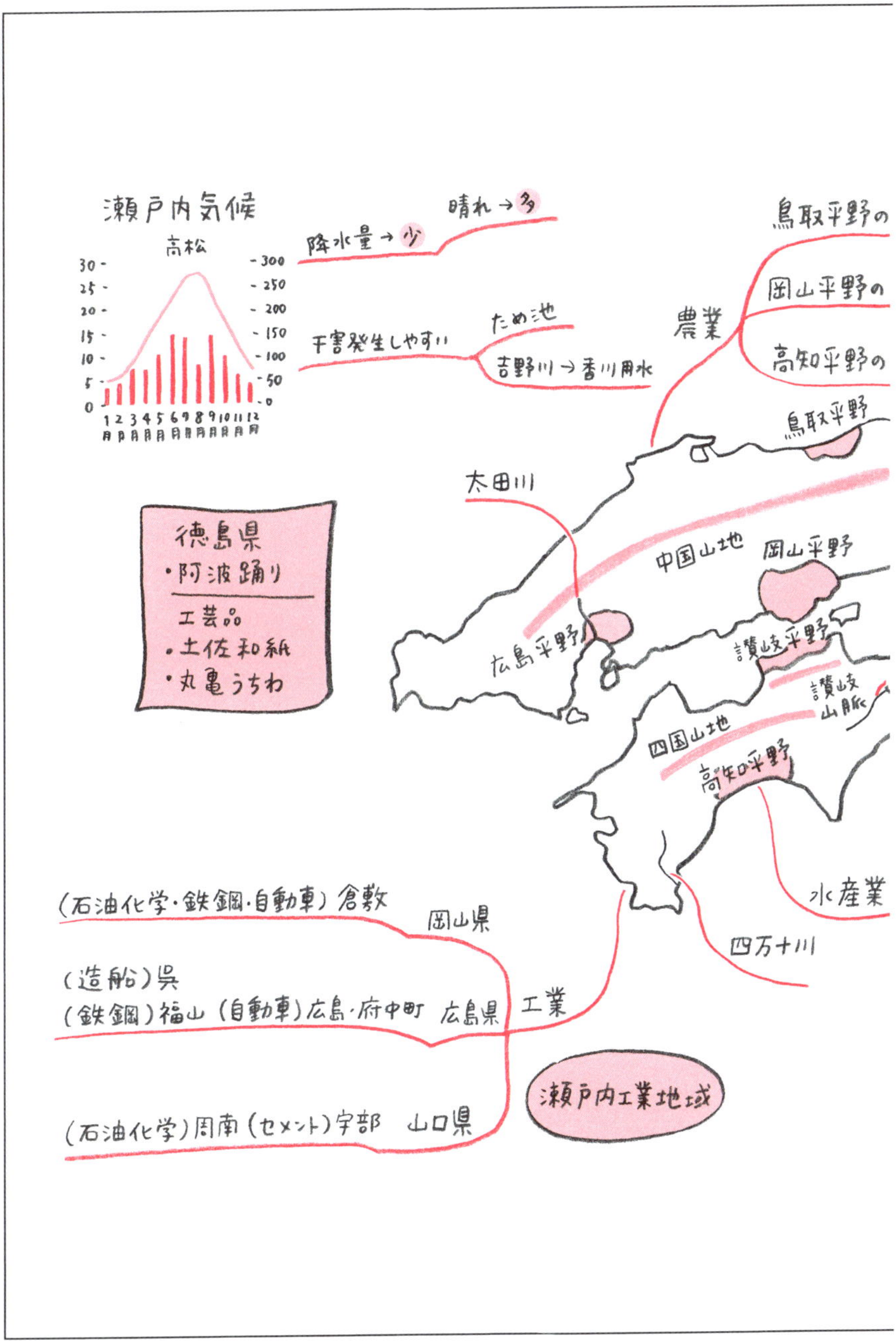
瀬戸内気候
高松
降水量→少
晴れ→多
干害発生しやすい
ため池
吉野川→香川用水
農業
鳥取平野の
岡山平野の
高知平野の
鳥取平野
太田川
中国山地
岡山平野
広島平野
讃岐平野
讃岐山脈
四国山地
高知平野
水産業
四万十川
徳島県
・阿波踊り
工芸品
・土佐和紙
・丸亀うちわ
(石油化学・鉄鋼・自動車)倉敷
岡山県
(造船)呉
(鉄鋼)福山 (自動車)広島・府中町 広島県
工業
(石油化学)周南 (セメント)宇部 山口県
瀬戸内工業地域

貿易港と扱っている品目のマッピング

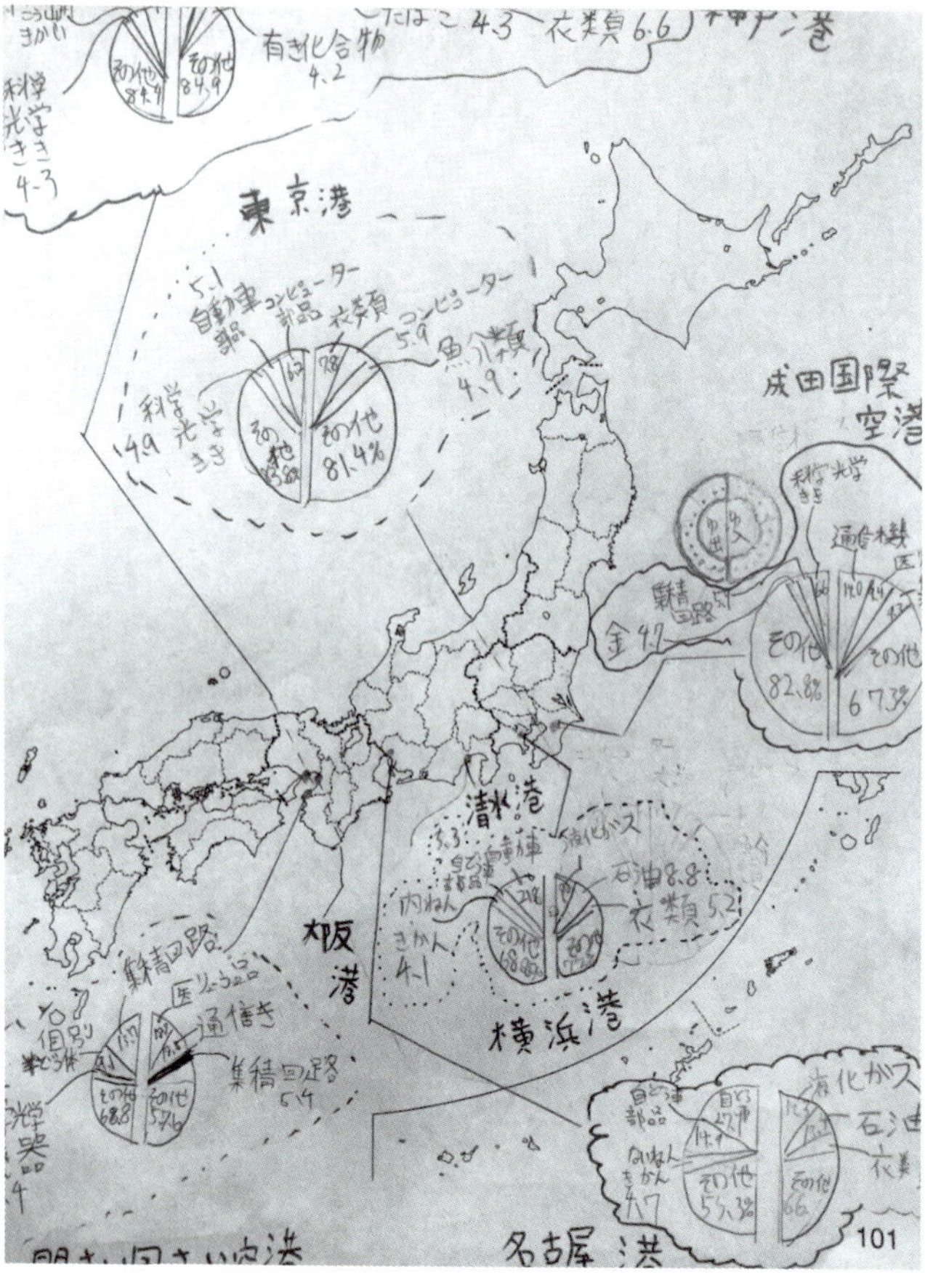

何でも書いて覚えよう！

火山をまとめたマッピング

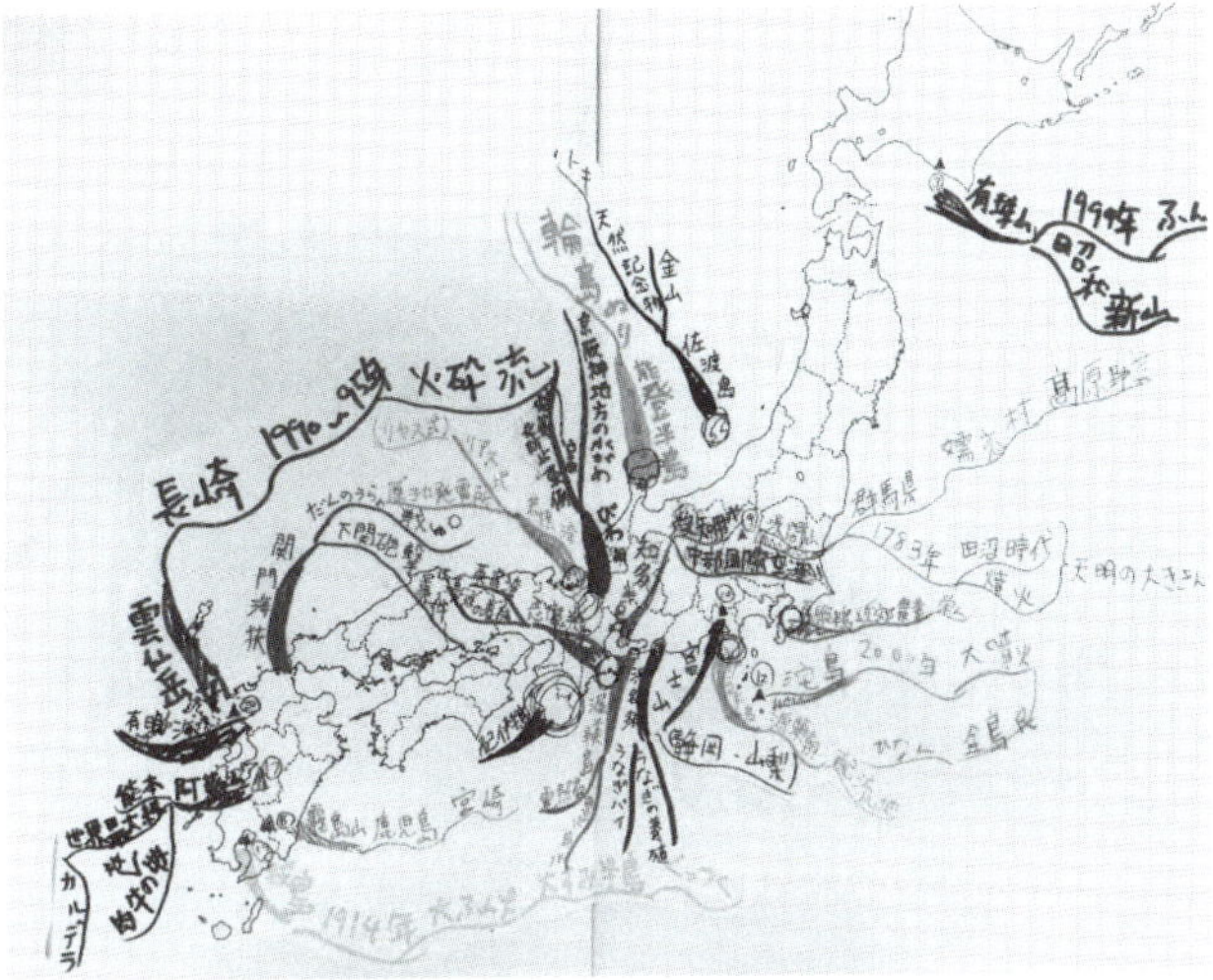

季節と気候の関係のマッピング

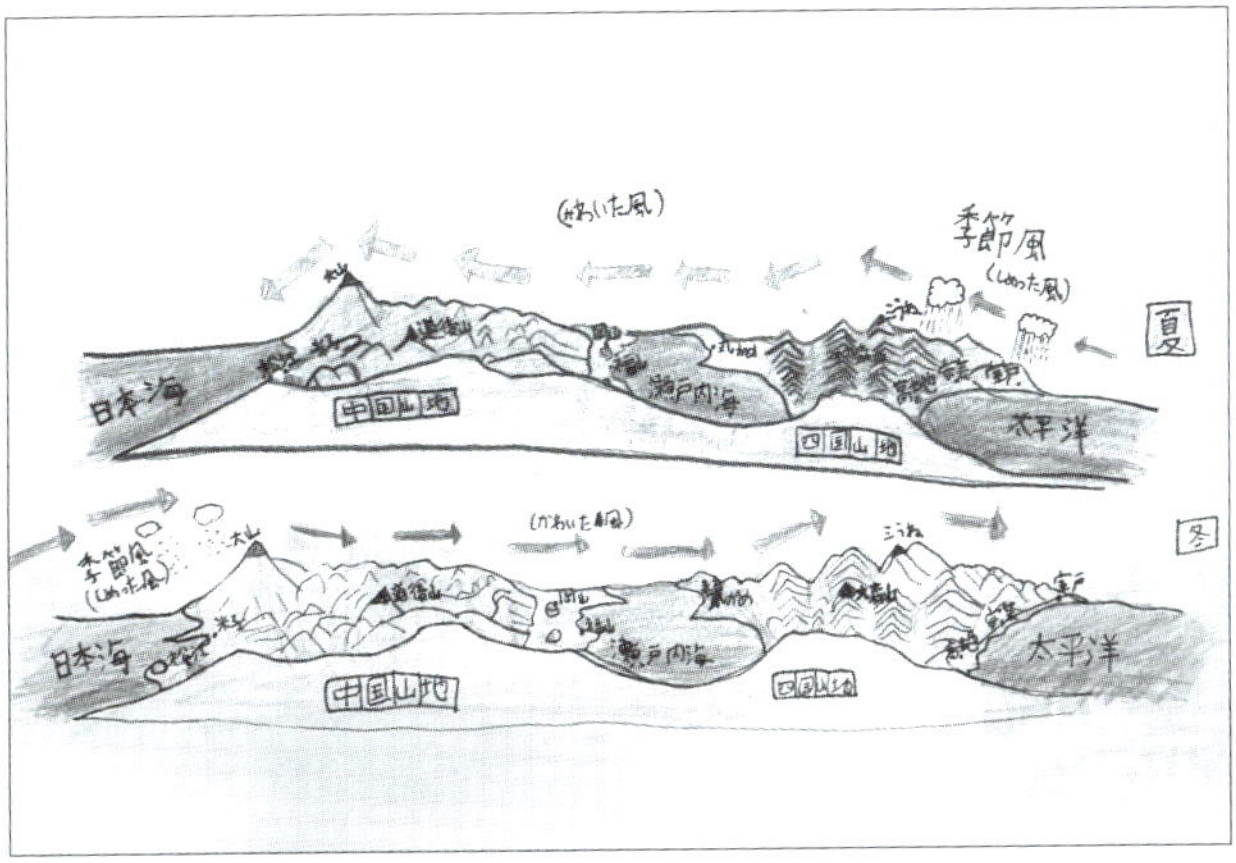

理科 ― 分野別・各単元の図と説明をまとめる

理科は、教科書の図が重要なんだよ。図がわかれば、教科書に書いてあることの大半は理解できるんだ。だから図を丁寧に写し、そこへ説明も書き足していこう。ポイントは、コピーを貼るよりも、あえて図を描き写すこと。イラスト（図）を丁寧に描くからこそ、気づくことも多くなるんだ。自分で疑問に思うと正解を知ったときに記憶にとどまりやすくなる。そうすることで一気に理解が深まるよ。

STEP 1 単元ごとにまとめる

理科は図やグラフ、表を書くことが多いので、方眼紙のほうが使いやすいよ。次に、マッピングで覚えたい単元や、よく理解できていない単元を決めよう。テスト範囲の単元を書いてもＯＫ。

STEP 2 小テーマごとにグラフ、表、イラストを書く

見開き1ページの真ん中に、覚えたい単元の「小テーマ」にあるグラフ、表、イラスト（図）を描こう。たとえば、循環器の単元の小テーマ「体循環と肺循環」の場合、「体循環

と肺循環」の図を真ん中にイラストで描き、各器官の名称を書き加えよう。それぞれの小テーマごとに、マッピングを描くのをオススメするよ。

STEP 3 グラフ、表、イラストの説明やテキストの説明を書き足す

重要な部分だけをできるだけ短くまとめるのがコツだよ。次の文章から重要単語を抜き出すとどうなるかな？

体循環の血液の流れ

左心房→左心室→大動脈→動脈→毛細血管→静脈→上大静脈（上半身からの血流）・下大静脈（下半身からの血流）→右心房の順にまわる。肺で取り入れた酸素や、小腸や肝臓で取り入れた養分を全身の細胞にくばるための道である。

←

体循環の血液の流れ

左心房→左心室→大動脈→動脈→毛細血管→静脈→上大静脈（上半身からの血流）・下大静脈（下半身からの血流）→右心房

肺循環の血液の流れ

右心房→右心室→肺動脈→肺毛細血管（酸素の取り込み）→肺静脈→左心房の順にまわる。

全身の細胞から出た二酸化炭素を肺で出し、新しく酸素を取り入れるための道である。

肺循環の血液の流れ

右心房→右心室→肺動脈→肺毛細血管（酸素の取り込み）→肺静脈→左心房

これを、マッピングの中にそのまま書いてもいいし、イラストの中に図として書き入れてもいい。自分で覚えやすいように工夫してみよう。

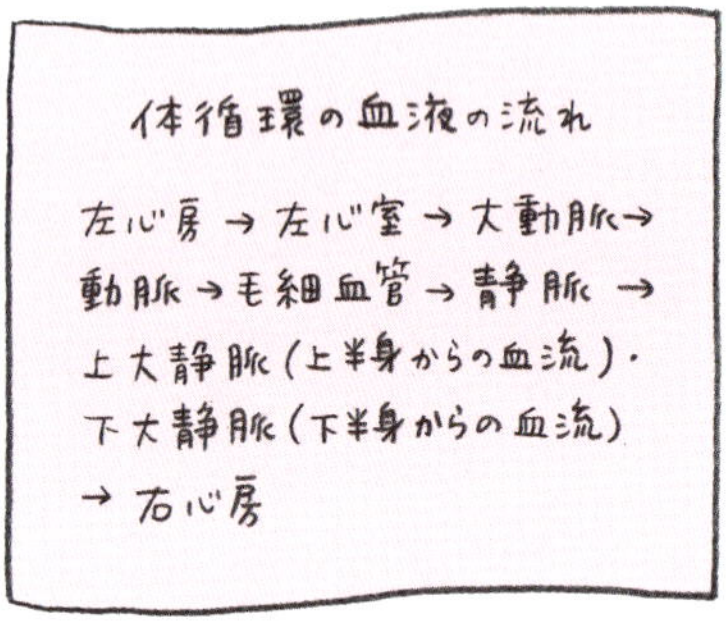
体循環の血液の流れ
左心房→左心室→大動脈→
動脈→毛細血管→静脈→
上大静脈（上半身からの血流）・
下大静脈（下半身からの血流）
→右心房

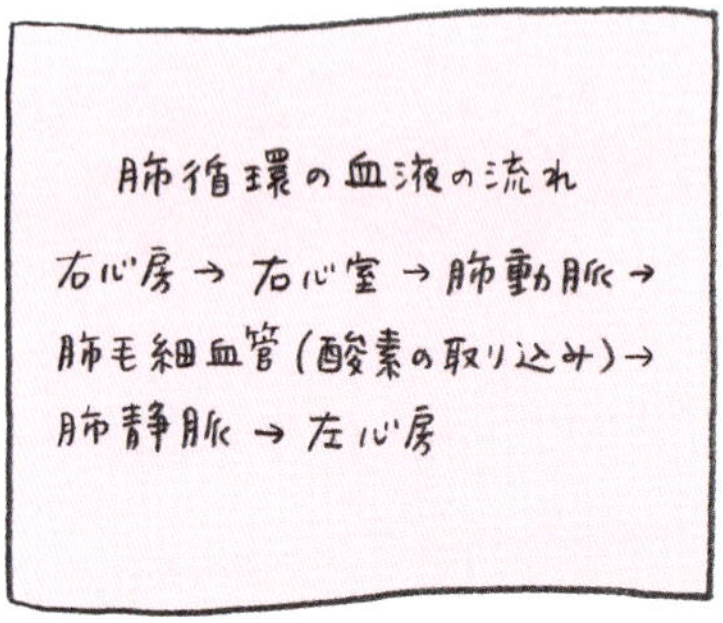
肺循環の血液の流れ
右心房→右心室→肺動脈→
肺毛細血管（酸素の取り込み）→
肺静脈→左心房

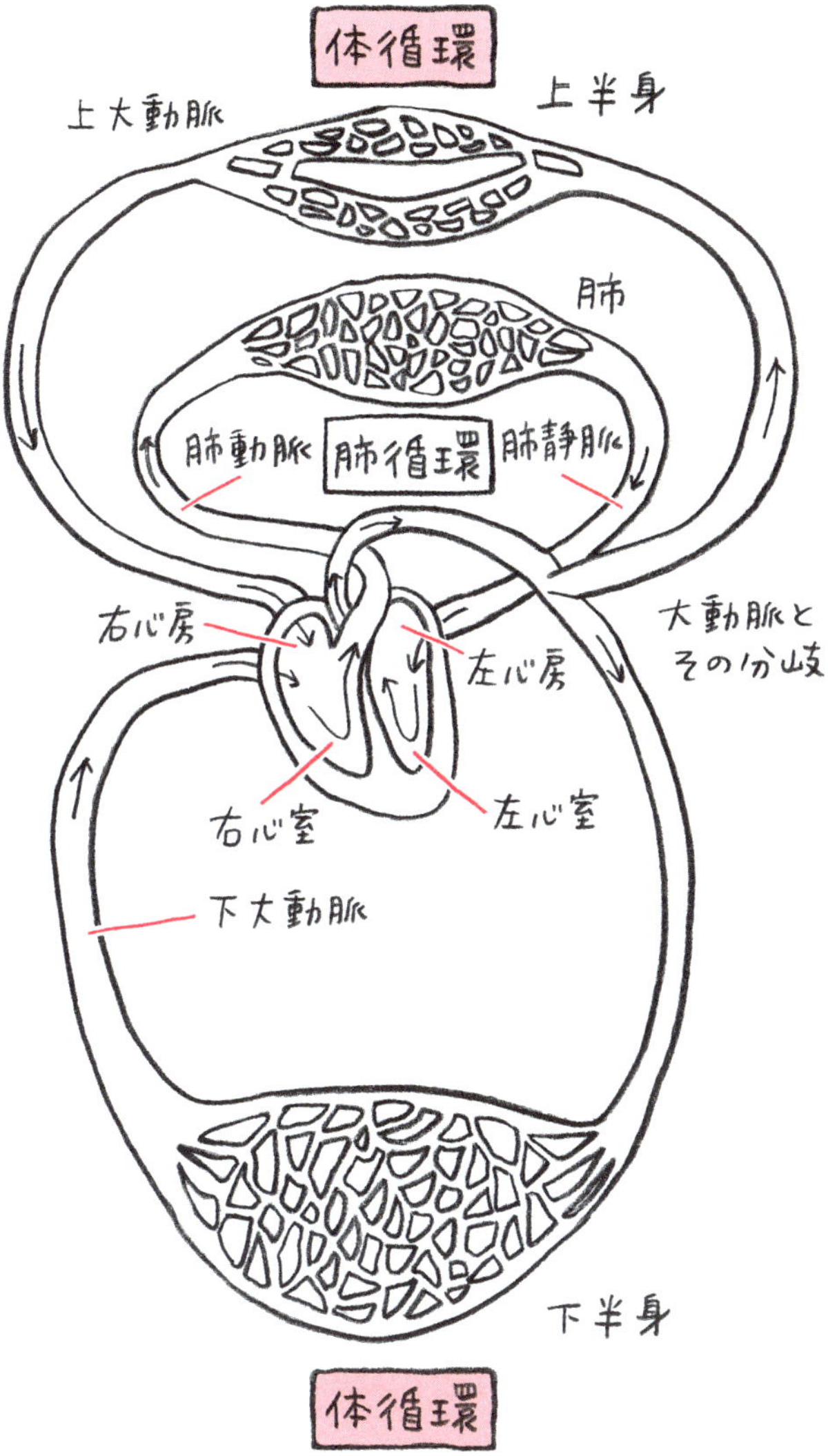
体循環
上大動脈
上半身
肺
肺動脈
肺循環
肺静脈
右心房
大動脈とその分岐
左心房
右心室
左心室
下大動脈
下半身
体循環

サツマイモ、ジャガイモの育て方を比較したマッピング

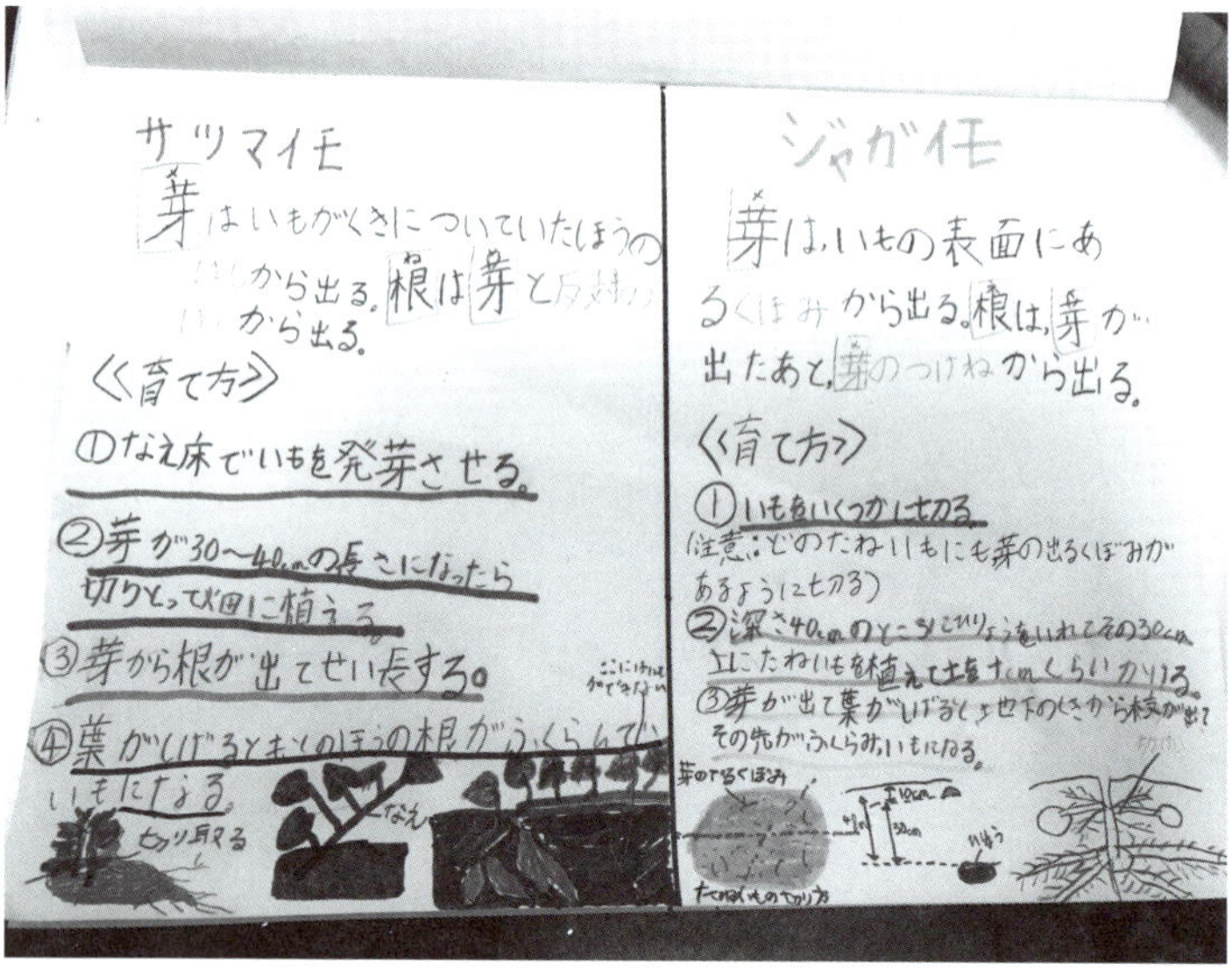

でんぷんとぶどう糖が小腸の膜を通るか 実験したときのマッピング

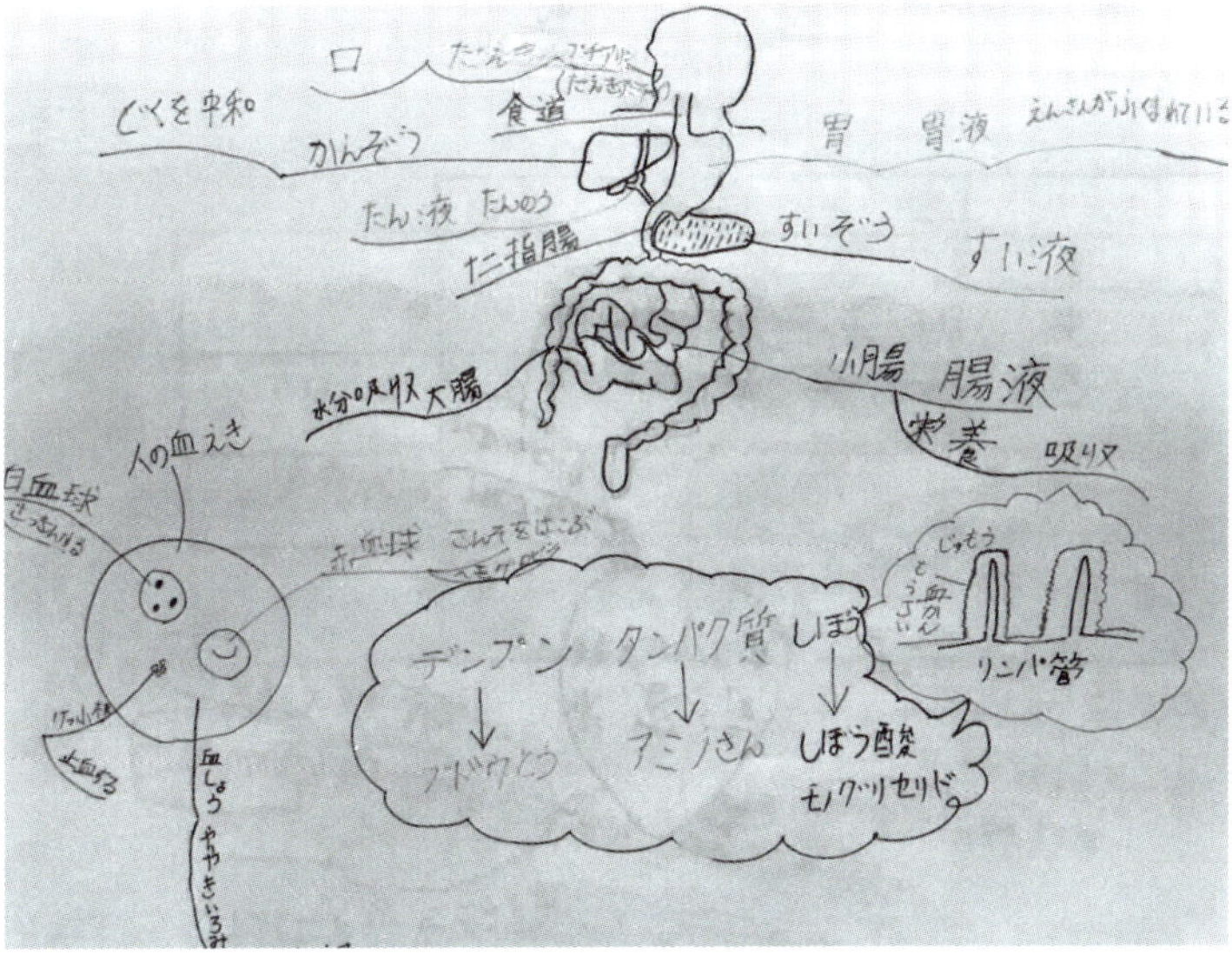

水分や養分の流れ
（導管・師管）のマッピング

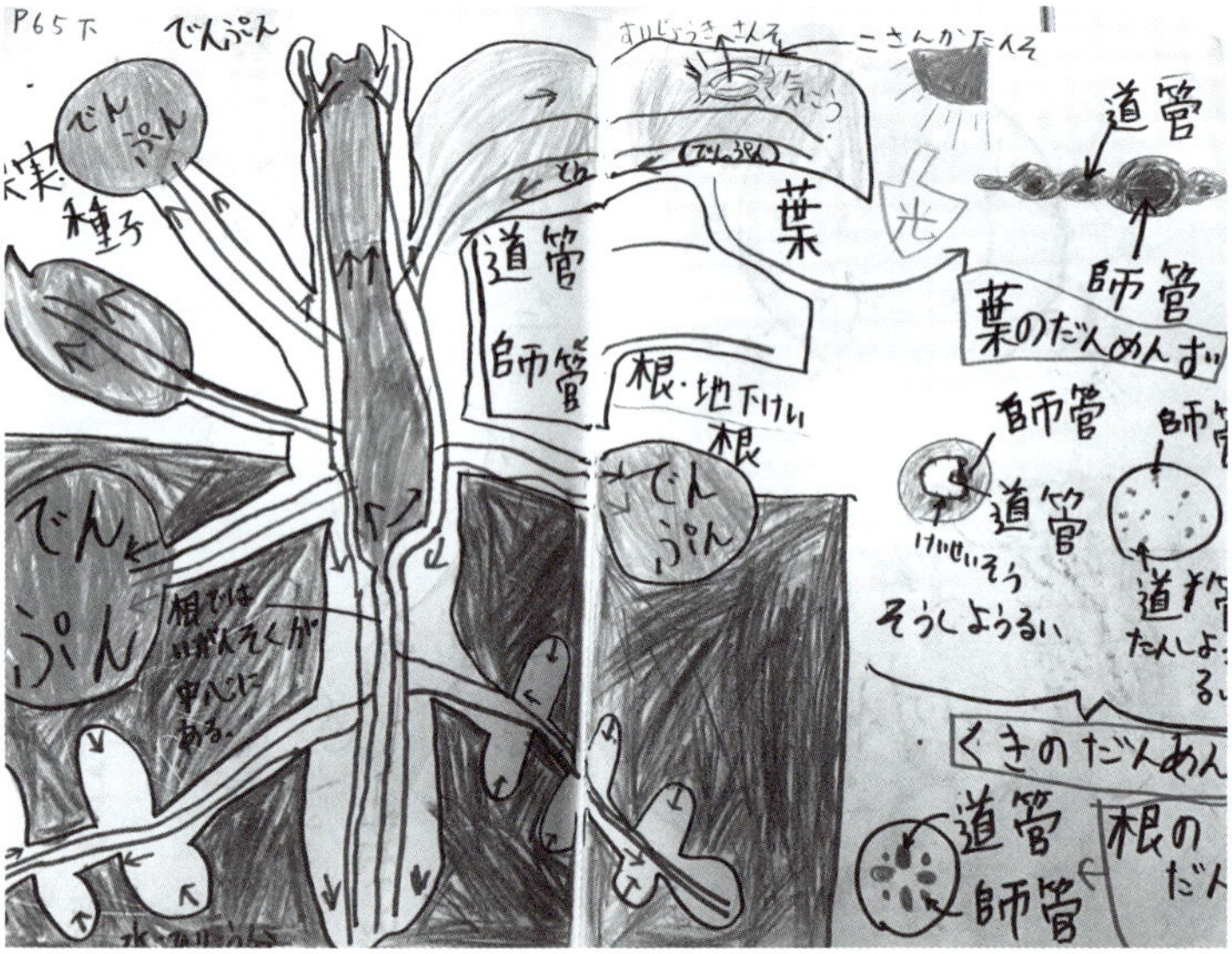

プランクトンのマッピング

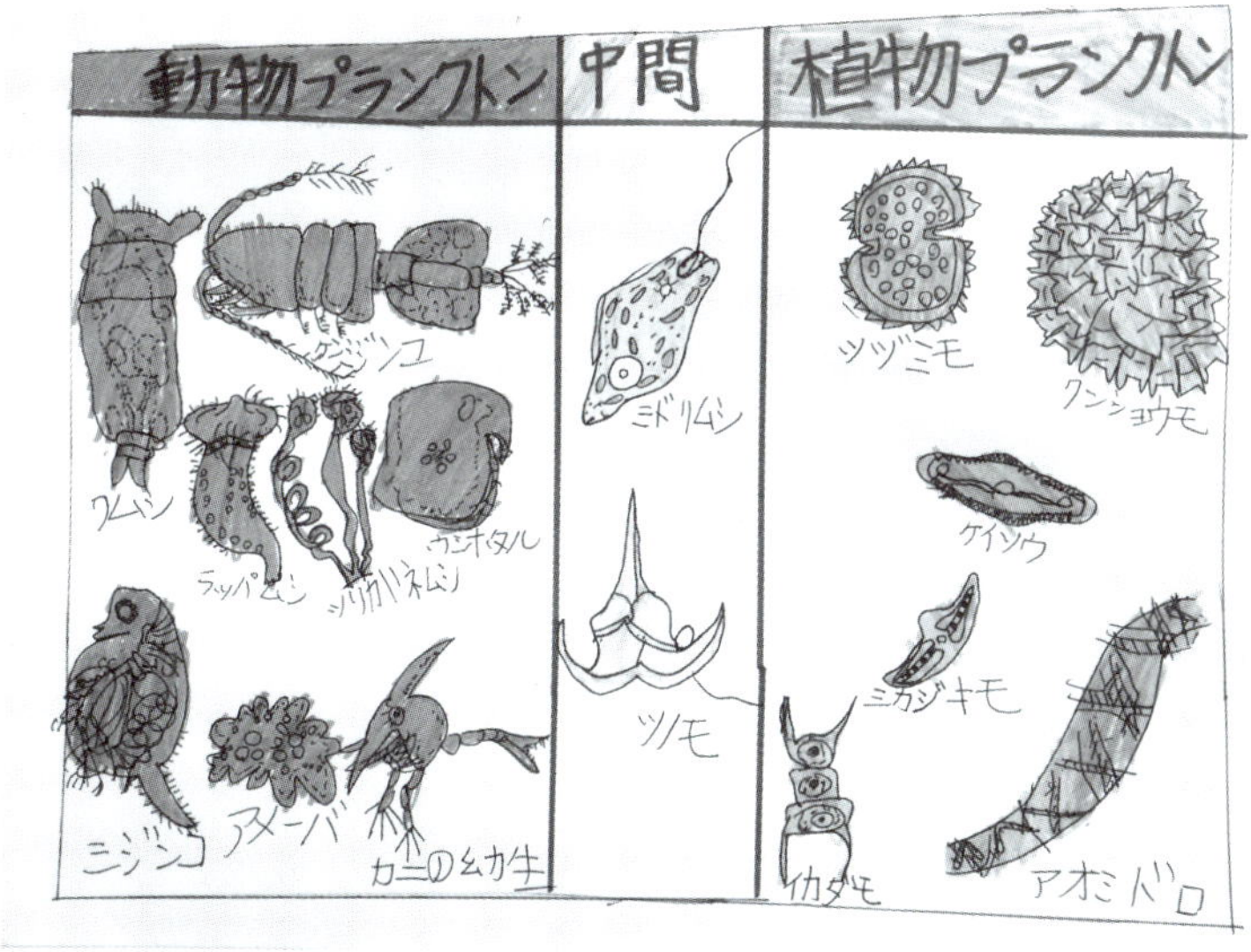

算数──「水量」「速度」など単元別に考え方をまとめる

手を使うとポイントがしっかり頭に入る

算数でわからない問題があるときは、その考え方がわかっていないことが多いんだ。問題をたくさん解けばいいと思っているかもしれないけれど、考え方をわかっていないと、少しひねった問題が出たらすぐ解けなくなってしまう。その場合は、単元の考え方をもう一度おさらいしよう。

読んだだけで「もう、わかった！」と思うこともあるかもしれない。それで、ほかの問題が解けるようになればいいけど、やっぱりできないなら本当は理解していなかったということ。

そういうときは、マッピングしてみるのが一番なんだ。**「どんなふうにまとめよう」と考えながら書くと、わかっていなかった箇所が意外とあることに気づけるよ**。

もし、考え方が書いてある教科書が見つからなかったり、書いてある場所がわからなかったりする場合には、152ページの【算数：問題をマッピングする】に進もう。

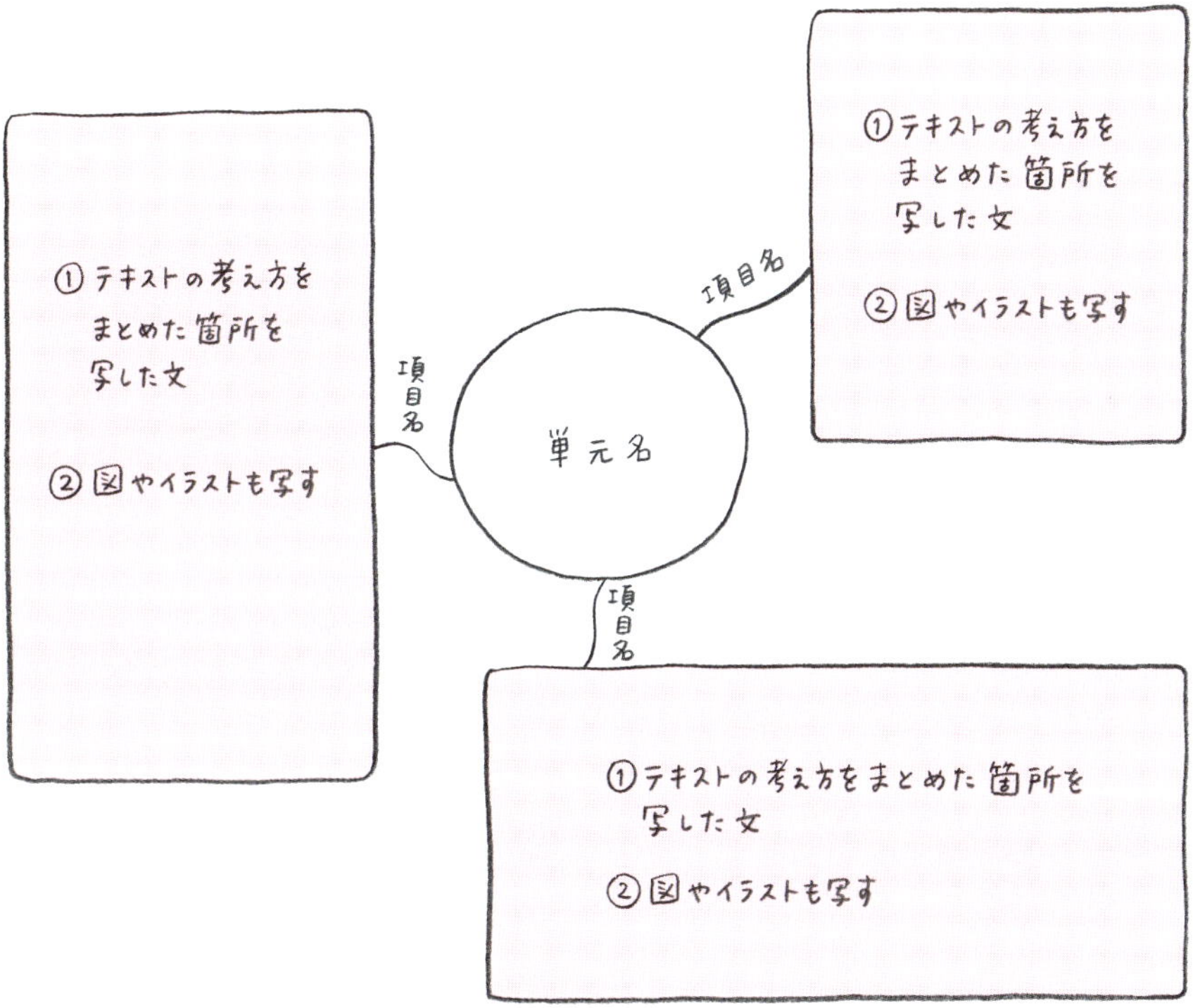
単元名
項目名
①テキストの考え方をまとめた箇所を写した文
②図やイラストも写す
項目名
①テキストの考え方をまとめた箇所を写した文
②図やイラストも写す
項目名
①テキストの考え方をまとめた箇所を写した文
②図やイラストも写す

STEP 1 マッピングする単元を決める

算数も理科と同じで図やグラフ、表を書くことが多いので、**A4の方眼紙が使いやすいよ。なければ白紙ノートでもOK。**そして、マッピングする単元を決めよう。テスト範囲の単元を書くのでもOK。

STEP 2 単元の重要概念をまとめる

それぞれの単元には重要概念（考え方）があるので、まずはそれを理解しよう。**教科書の中から、単元の問題を解くのに必要な知識や考え方が書いてある箇所を探そう。**真ん中にはその単元名を書く。ここでは真ん中に「旅人算」と書くよ。

STEP 3 単元の中にある項目の数だけ真ん中から線を引く

ここでは旅人算の中に、「出会い」と「追いつき」の2通りの考え方があれば、真ん中から2本の線を引いて、その上にそれぞれ「出会い」と「追いつき」と書こう。

STEP 4 教科書に図やイラスト、表、公式があればすべて書き写す

説明はすべて書き写そう。もし説明がわからなければ、親や先生に聞いてみよう。

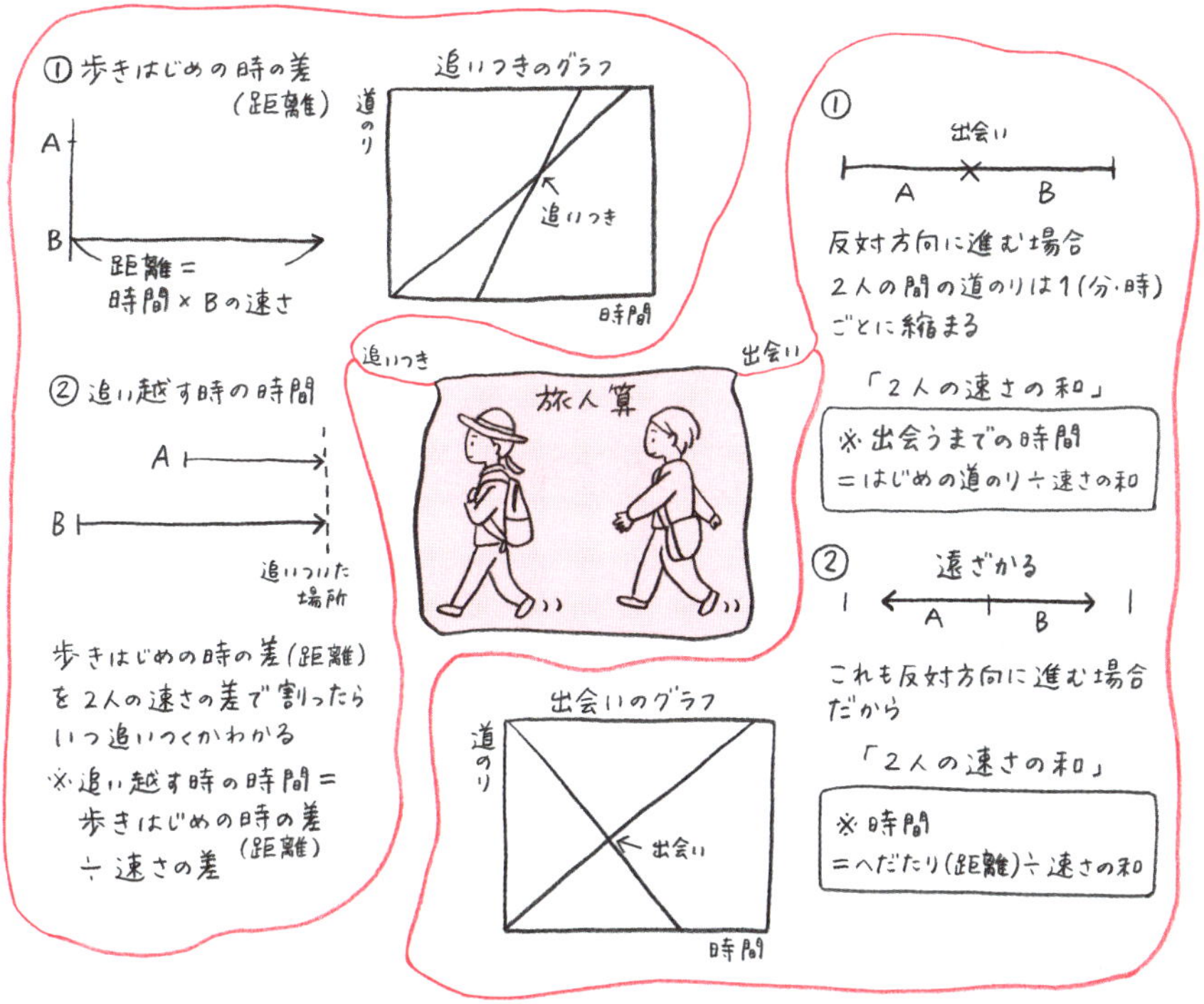

基本の形はあるけれど、あとは、自分で自由に工夫してやってみてね。

「数に関する問題」の単元を
問題を解きながらまとめたマッピング

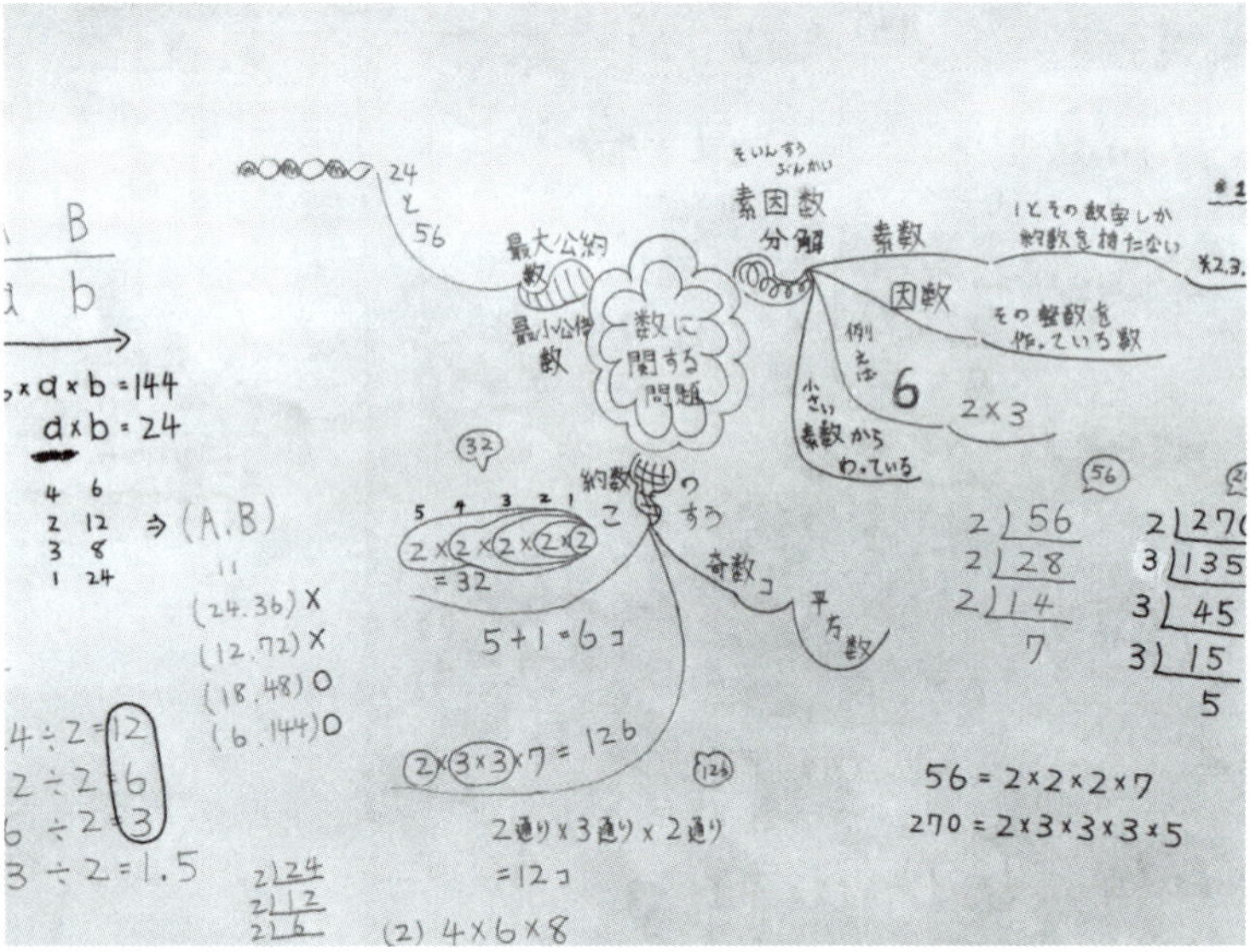

**「容器と水量」の単元を
問題を解きながらまとめたマッピング**

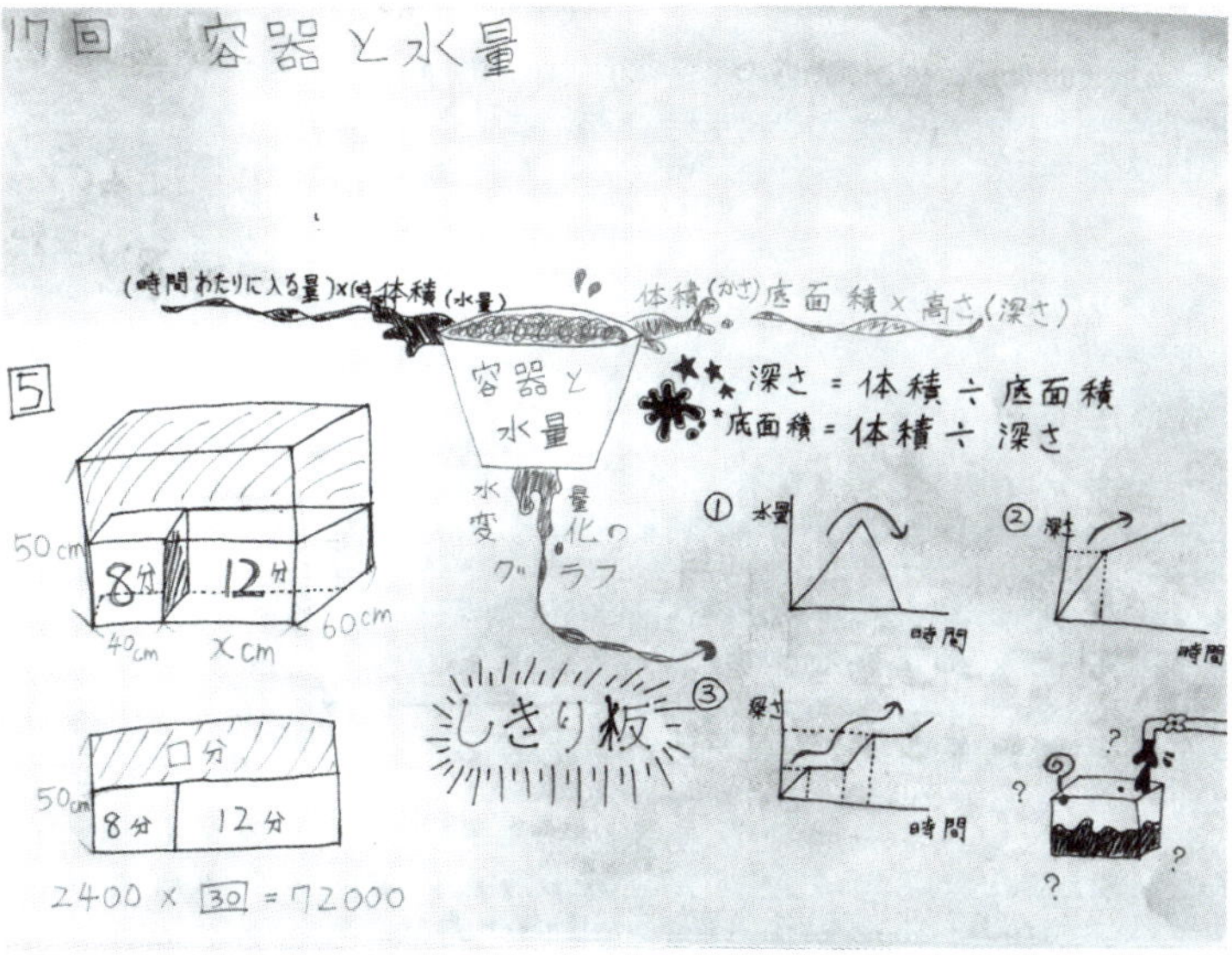

算数――問題をマッピングする

いつも間違えたり、わからなくなってしまう問題は、解く前に解き方を身につけなくちゃいけないよ。そんなときは、写しながら考えるのがいいんだ。

いきなり練習問題をこなすのではなくて、まずは例題から解いてみよう。そのとき、**かならず例題の〝解説〟〝図〟〝イラスト〟をしっかり見て、どうしてそうなっているのかなと考えるん**だ。

たとえば足し算の式が書いてあったら、やみくもに覚えるんじゃなくて、まず「どうして足すんだろう？」と考えよう。考えて理解しながら解いていけば、応用問題もできるようになっていくよ。

解説や図から、どうしてそうなったか考える

例題の解き方（解説）は、図も説明文も、全部写しながら考えるほうがいいよ。「めんどくさ〜い！」と思うかもしれないけど、手を動かしたほうが「あ！　ここがわかっていなかったんだ」とハッキリわかるようになる。

算数で不得意な単元や問題は、たくさん解くより、時間がかかってもキチンと理解したほうが早く解けるようになるんだ。〝急がば回れ〟だよ！

では、練習問題を一緒にやってみよう

STEP 1 不得意単元をまとめる

できれば**A4方眼紙を使おう**。そして、マッピングする単元を決めるよ。テスト範囲の単元を書くのでもOK。

STEP 2 問題文を整理してマッピングする

算数には、〝問題を間違える2つの壁〟があるよ。

1つ目の壁は、問題文の読み落とし。みんなも「え！ ここ読んでなかった！」と間違ったことがあるんじゃないかな。そして、問題に何を聞かれているのか、考えていないんじゃないかな。

2つ目の壁は、問題文に書いてあることを、正しくイメージできていないこと。問題を理解していれば、頭の中でイメージできているよね。

問題

あさひちゃんがチューリップを5本もっていました。ひなこちゃんがやってきたので、2本あげました。あさひちゃんのもっているチューリップは何本でしょう?

この問題を読んで式がスッと出てくるなら、頭の中で上のイラストのようなものをイメージできているはずだよ。だから、「足すんじゃなくて、引けばいいのかあ!」とわかるんだよ。

でも、問題の「考え方」を理解せず、たとえば植木算なら〝間の数－1〟とだけ暗記していたら、「あれ? どんなときに〝間の数

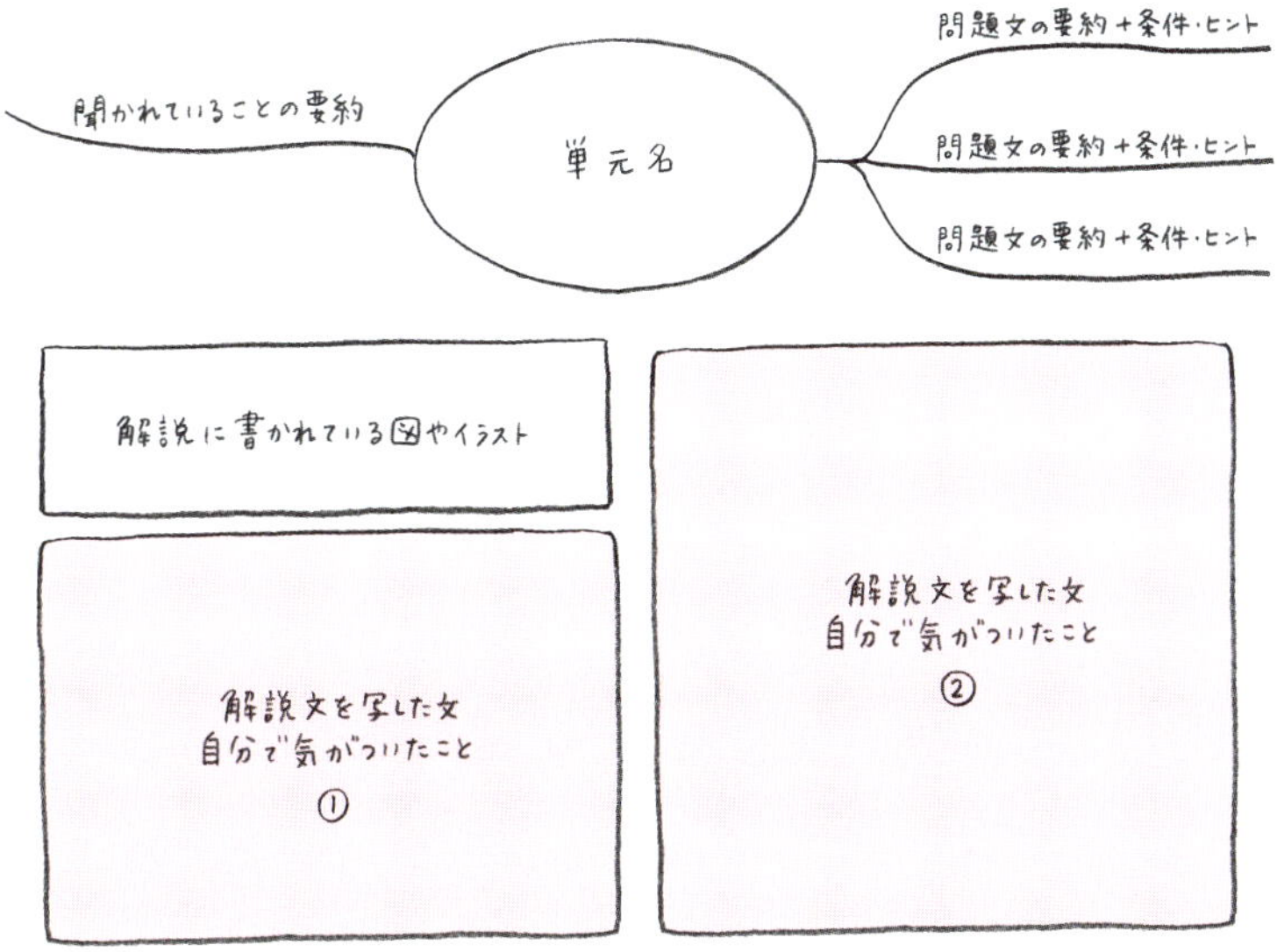

−1〟になるんだっけ？　〝間の数＋1〟のときもあるみたい…。思い出せなーい！」ということになってしまう…。

あさひちゃんとひなこちゃんの問題例だと、イメージしやすいから、足し算か引き算かで迷うことはないよね。

まずは〝1つ目の壁〟を乗り越えよう！

問題文の読み落としをなくすには、マッピングで問題文を整理するといいよ。

問題文をコンパクトに整理する

次の問題を一緒に解きながら、マッピングの練習をしよう。

問題

しずかさんの家は図書館と900m離れています。しずかさんが図書館へ行こうと家を出発して図書館に向かって歩き始めると同時に、妹が図書館から家に帰ろうと歩き始めました。しずかさんの歩く速さは毎分90m、妹の歩く速さは毎分60mです。しずかさんと妹が出会うのは、出発してから何分後ですか?

問題文を整理するポイント、答えを出すための条件(ヒント)はどこ? できるだけ短くまとめよう。

❶しずかさんの家は図書館と900m離れています。

←

家と図書館900m

❷しずかさんが図書館へ行こうと家を出発して図書館に向かって歩き始めると同時に、妹が図書館にから家に帰ろうと歩き始めました。

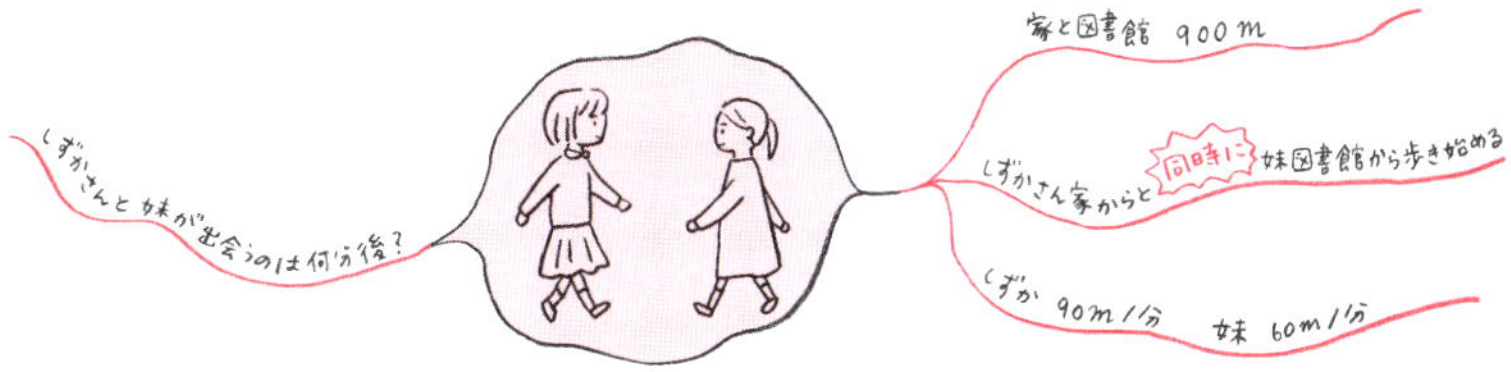

→ **しずかさん家から同時に妹図書館から歩き始める**

❸しずかさんの歩く速さは毎分90m、妹の歩く速さは毎分60mです。

→ **しずか90m／分、妹60m／分**

次に問題の中で聞かれていることは何かな？　それもできるだけ短くまとめよう。問題文からまとめてみるとどうなる？

しずかさんと妹が出会うのは、出発してから何分後ですか？

しずかさんと妹が出会うのは何分後？

こんなふうにまとめながら、マッピングに書いていこう。**条件（ヒント）は青、聞かれていることは赤というふうに色分けして書くと区別しやすいよ。**

STEP 3 解説を書き写す

いよいよ解説を書き写して〝2つ目の壁〟を越えよう！ポイントは2つ。

- **ポイント1：図やイラストは丁寧に！**
- **ポイント2：解説文は一文一文、書きながら理解！**

まず、**ポイント1は線分図など、長さは解説の通りに書くこと**。メモリがついていたら、メモリの長さは全部同じにしてね。図形は、解説と同じように角度や辺の長さを書こう。

ポイント2は、とくに式が出てきたら何と何を足したのか、何から何を引いたのかなど

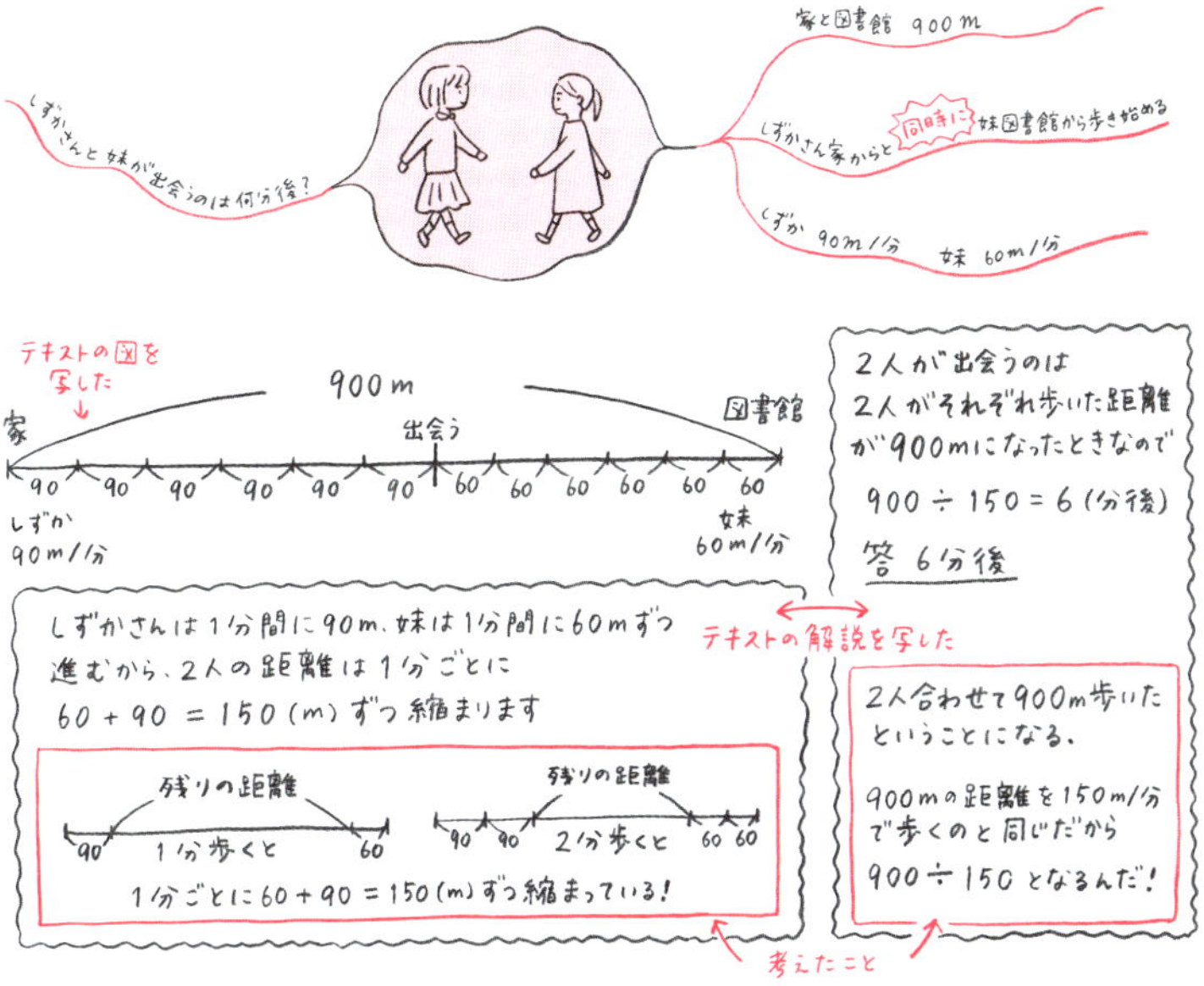

を考えること。「この数字はどこの数字だろう？」と考えて理解できたらＯＫ。できなかったら親や先生に聞いて理解できるまで頑張ろう。

２つのポイントや自分で考えたこともマッピングに書き写していこう。

解説

しずかさんは1分間に90m、妹は1分間に60mずつ進むから、2人の距離は1分ごとに60＋90＝150（m）ずつ縮まります。2人が出会うのは、2人がそれぞれ歩いた距離が900mになったときなので900÷150＝6（分後）

答：6分後

おかあさまへ

算数は考える時間こそ宝

算数は解説が丁寧に書いてある問題集を選んであげてください。解説をマッピングしながら取り組んでいくと、わからない問題があっても「わからないからやらない（すぐ聞く）」から、「自分で考える」に変わって学習する習慣がついていきます。

しばらくは、たくさんの問題を解けないことに、イライラするかもしれません。丁寧に考えながら解くと時間がかかりますし、そのやり方を身につけるのはもっと時間がかかります。でも、自分で考える習慣がつくと、あとはラクになりますので、見守ってあげてくださいね。

自分で解説を書きながら
問題を解いている事例

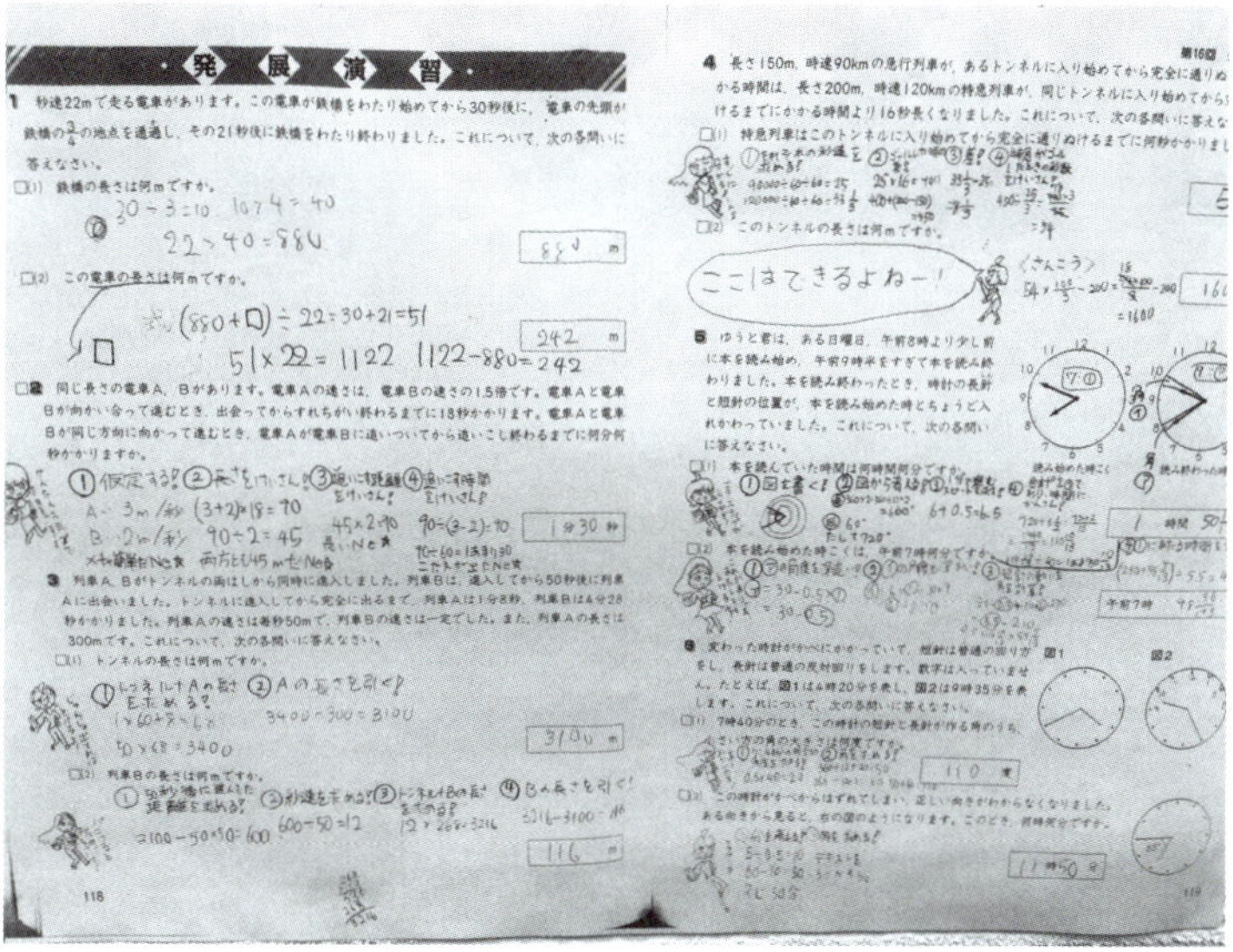
発展演習

1 秒速22mで走る電車があります。この電車が鉄橋をわたり始めてから30秒後に、電車の先頭が鉄橋の$\frac{3}{4}$の地点を通過し、その21秒後に鉄橋をわたり終わりました。これについて、次の各問いに答えなさい。

(1) 鉄橋の長さは何mですか。

(2) この電車の長さは何mですか。

特別付録

中学受験によく出る！親御さんも読んでおきたい！共学、男女別学オススメ作品リスト60選

近年、中学受験の問題で使われたことのある作品をご紹介します。共学校、男子校、女子校別だけでなく、偏差値別にも分類しているので、お子さんが受験されたい学校にあわせて、参考になさってください。いくつかの学校の入試で出題されたり、何度も出題されている作品もあるので、「マッピング」の練習をしておくといいですね。

共学

偏差値	本の題名	出版社名	作者・筆者
60以上	『日本人の心のゆくえ』	岩波書店	河合隼雄
	『車輪の下で』	光文社	ヘルマン・ヘッセ作 松永美穂訳
	『教室に雨は降らない』	角川書店	伊岡瞬
	『最果てアーケード』	講談社	小川洋子
	『音のない花火』	ポプラ社	砂田麻美
	『あたらしい哲学入門』	文藝春秋	土屋賢二
	『白紙』（『草の花』所収）	講談社	幸田文
50〜59	『なつかしい時間』	岩波書店	長田弘
	『彗星物語』	文藝春秋	宮本輝
	『まちがったっていいじゃないか』	筑摩書房	森毅
	『舟を編む』	光文社	三浦しをん
	『ぼくのマンガ人生』	岩波書店	手塚治虫
	『がっかり行進曲』	筑摩書房	中島たい子
	『おちくぼ姫』	角川書店	田辺聖子
50未満	『脳を創る読書』	実業之日本社	酒井邦嘉
	『グローバリゼーションの中の江戸』	岩波書店	田中優子
	『あすなろ物語』	新潮社	井上靖
	『夏のアルバム』（『ヴァラエティ所収』）	講談社	奥田英朗
	『夜の朝顔』	集英社	豊島ミホ
	『クラスメイツ』	角川書店	森絵都

男子校

偏差値	本の題名	出版社名	作者・筆者
60以上	『あたり 魚信』	小学館	山本甲士
	『奮闘するたすく』	講談社	まはら三桃
	『乱読のセレンディピティ』	扶桑社	外山滋比古
	『ヒコベエ』	新潮社	藤原正彦
	『翔ぶ少女』	ポプラ社	原田マハ
	『猛スピードで母は』	文藝春秋	長嶋有
	『小川仁志の〈哲学思考〉実験室』	教育評論社	小川仁志
50〜59	『マイナス・ヒーロー』	講談社	落合由佳
	『しろばんば』	新潮社	井上靖
	『僕は上手にしゃべれない』	ポプラ社	椎野直弥
	『二百年の子供』	中央公論新社	大江健三郎
	『屋上のウインドノーツ』	文藝春秋	額賀澪
	『生態系を蘇らせる』	NHK出版	鷲谷いづみ
	『教えてくれたのは植物でした』	徳間書店	西畠清順
50未満	『コミュニケーションの日本語』	岩波書店	森山卓郎
	『月火水木金土日』(『ざらざら』所収)	新潮社	川上弘美
	『伝説のエンドーくん』	小学館	まはら三桃
	『ぼくらのバス』	ポプラ社	大島真寿美
	『下町ロケット』	小学館	池井戸潤
	『アイスプラネット』	講談社	椎名誠

女子校

偏差値	本の題名	出版社名	作者・筆者
60以上	『木になった魚』（『五十鈴川の鴨』所収）	岩波書店	竹西寛子
	『〈弱いロボット〉の思考』	講談社	岡田美智男
	『次郎物語』	講談社	下村湖人
	『いのちはどう生まれ、育つのか』	岩波書店	道信良子
	『わたしの苦手なあの子』	ポプラ社	朝比奈蓉子
	『路傍の石』	新潮社	山本有三
	『旅猫リポート』	講談社	有川浩
50〜59	『一人っ子同盟』	新潮社	重松清
	『本を読む女』	新潮社	林真理子
	『PTAグランパ！』	角川書店	中澤日菜子
	『子供の「脳」は肌にある』	光文社	山口創
	『紛争、貧困、環境破壊をなくすために世界の子どもたちが語る20のヒント』	合同出版	"小野寺愛・高橋真樹編著 ピースボート編"
	『杏のふむふむ』	筑摩書房	杏
	『東京すみっこごはん雷親父とオムライス』	光文社	成田名璃子
50未満	『南風吹く』	光文社	森谷明子
	『いとの森の家』	ポプラ社	東直子
	『あのころ』	集英社	さくらももこ
	『みずがめ座流星群の夏』	ポプラ社	杉本りえ
	『ままならないから私とあなた』	文藝春秋	朝井リョウ
	『ミライの授業』	講談社	瀧本哲史

おわりに――子どもたちの未来を豊かにしよう

ＡＩ時代、グローバル社会が進むなか、さまざまな新しい課題が押し寄せてきます。このような状況のなかで、子どもたちにどんな教育をしたらいいのか、何をしてあげればしあわせになるのか、先行きが見えない時代になってきています。

そんな時代にこそ必要な力として、「読解力」を身につけ、活躍できる大人になってほしいと願っています。

最後になりますが、本書を出版するにあたって、編集を担当してくださいました実務教育出版の佐藤金平さん、いつもたくさんのアイデアをいただきながら企画や制作をサポートしてくださっている星野友絵さん、そしてRAKUTOに通ってくださっているみなさま、支えてくれているスタッフにも、この場をお借りして御礼申し上げます。

愛するわが子の将来のために、本書を手にしてくださったおとうさま、おかあさま。最後までお読みいただき、ありがとうございます。

お子さまの未来が、素晴らしいものになりますように！

脳科学学習塾ＲＡＫＵＴＯ
福島美智子・福島万莉瑛

２０１９年６月

福島美智子（ふくしま・みちこ）

脳科学学習塾RAKUTO代表。20年以上、脳科学・心理学をベースにした児童向け教材開発に携わり、オリジナルの教育メソッドDMSK法を開発。ディスカッション（D）、マッピング（M）、速読（S）、高速リスニング（K）を取り入れた授業で、地頭力、天才脳が育つ子が続出。6年間で9校舎まで育てあげる。「ずっと通いたくなる」「楽しい環境のなかで天才脳が育つ」とクチコミで評判を呼び続け、RAKUTOに通う生徒の継続率は96%。また、平均25%といわれている中学受験の第一志望合格率は90%以上を誇り、麻布、開成、渋谷教育学園渋谷、筑波大学附属、甲陽学院など、超難関校にも合格者を多数輩出している。大人になっても生きるホンモノの才能が開花することも多く、小学2年生で発明工夫展や美術展に入賞した子、小学3年生でIQ200を越えた子、小学4年生で英検2級に合格した子など、幅広い分野で子どもたちの才能の芽を育てている。著書に『最強の子育て』（すばる舎）がある。

福島万莉瑛（ふくしま・まりえ）

株式会社らくと教務部コンテンツ開発課課長。慶應義塾大学文学部人文科学科にて、神経心理学を専攻し、卒業。その後、University of Oregon Educational Foundations（オレゴン大学教育学部）にて、小学生向けの教育学や課題解決型学習について専門的に学ぶ。卒業後、カナダ・バンクーバーにて日本と世界基準の小学生・中学生向け英語指導資格等を取得。日本における英語教育指導のプロフェッショナルとして活躍。現在は、株式会社らくとの英語コンテンツ制作、カリキュラム開発に従事。受験・学習指導により、慶應大学SFC、学習院大学等への合格、開成や筑波大学附属などの生徒の成績アップを実現し、保護者より評価を得ている。自身も、らくと式速読術を身につけ、1冊5～10分で読破。速読を短期間での英語の習得にも生かし、留学後1年ほどで、ネイティブの倍くらいのスピードで読了できるようになった。執筆、講師としての仕事等にも生かし、高いパフォーマンスを発揮している。

AI時代の小学生が身につけておきたい **一生モノの「読解力」**

2019年6月10日 初版第1刷発行

著　者　福島美智子・福島万莉瑛
発行者　小山隆之
発行所　株式会社 実務教育出版
〒163-8671　東京都新宿区新宿1-1-12
電話　03-3355-1812（編集）　03-3355-1951（販売）
振替　00160-0-78270
印刷　株式会社文化カラー印刷
製本　東京美術紙工協業組合

ISBN978-4-7889-1596-1　C0037